Aging Solo

SOLO女子圖鑑

— 獨活不獨行，自在變老的全方位指南 —

金熹暻 김희경 著
陳思瑋 譯

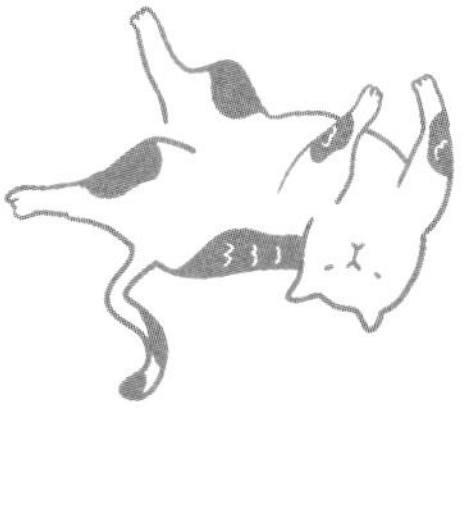

에이징 솔로 혼자를 선택한 사람들은 어떻게 나이 드는가

目・錄

contents

Chapter 3

孤獨終老的謊言：為生計、居住、照顧、死亡做準備的想像

Chapter 4

好評推薦

世上已流傳著許多已婚前輩的故事，那麼不婚前輩的故事又在哪呢？翻開《SOLO 女子圖鑑》這本書，四十多歲不婚的我所迫切需要的字句如潮水般湧現。全國各地，許多不婚前輩們已經先經歷過我的煩惱了，她們在生活中直面挑戰，努力開創新的關係、新的模式、新的世界，很感謝這本書能把她們真實的聲音匯集起來。我們都是獨自來到這個世界上的，然後獨自或與他人一起度過一段時光，最後再獨自一人離開。孤獨、照顧、生計、養老、死亡，是所有人都會遇到的問題，而面對這些問題的方式構成了各自的人生。沒想到聽了她們的故事竟讓我感到如此安心，單身的我們終究並非一個人。生命的答案並非固定，放下無謂的恐懼，現在是時候想像不一樣的未來了。

——**金荷娜**（김하나，《兩個女人住一起：非關愛情的同居時代》）

〔여자 둘이 살고 있습니다〕作者）

社會上的人們，在必須表現得平凡與普通的強烈壓力下，很容易陷入非自願的關係中。由畢業、就業、結婚、生育所構成的社會時間表窄化了生命的空間，限縮了我們的想像。《SOLO女子圖鑑》這本書的內容拓展了這個世界的邊界，打破了「別無選擇」的觀念。金熹暻在規範和固有觀念外，爲我們搭起了一條可以跨越成見的橋梁。不僅關注了不太容易被注意到的女性、中年、單人戶的現況，還邀請大家一起創造，讓我們能眞正成爲「自己」的未來。每個人都是獨自一人的，同時也無法完全孤立。正因爲有這些聲音在拓展生活的邊界、在創造新的角色定位，因此「我」終究不會孤獨。

——**張日昊**（장일호，《時事IN》〔시사IN〕記者、《悲傷的訪問》〔슬픔의 방문〕作者）

序言 ▢ 在單人戶時代尋找不婚中年人的位置

今年來到獨自生活的第二十個年頭，數到這個數我也嚇了一跳。不知從中年的何時開始，問起年紀時連我自己都會搞不清楚，在算自己幾歲時也會驚訝地感到：「時間居然過得如此之快！」我相信不只有我如此。

對我而言，一個人生活就跟年紀增長一樣，若沒人問起自然不會意識到這個事實。當然經常會有因獨自一人而極度開心或痛苦的時刻，但那也只是瞬間的感受，很快就會因忙於工作和玩樂而被遺忘。然而，一個人生活與一個人老去也是有差異的。雖然變老這件事經常成爲聊天討論的話題，但人們卻很少談論獨自生活這件事。尤其是邊獨自生活邊老去的話題，大家似乎都覺得，這是必須自己承受的私人問題。

自從我到了政府部門工作後，我開始把邊獨自生活邊老去視爲一種共同的生活方式，而不僅僅是個人問題。隨著單人戶激增的趨勢，二〇二〇年韓國政府成立了一個由多部門共同組成的人口政策專責小組，開始推出針對單人戶的政策。在政府文件與報告中，分析各年齡層單人戶增加的原因說明有如公式一般，還像饒舌歌詞一樣反覆出現，尤其顯眼。

「青年未婚，中年離婚，老年死別。」

即使在許多狀況下這個描述符合事實，但這個說明仍過於簡化了，尤其是關於中年的部分。四十歲以上的中年單人戶中，許多人是不把結婚視爲義務的不婚者，怎麼能如此籠統地概括所有人呢？更讓人不舒服的是，這漏洞百出的公式把對獨自生活的選擇局限在結婚的反面。這種觀點是將婚姻擺在中心，把獨自生活擺在對立面，藉此檢視婚姻以外的生活是否良好。站在結婚這面看待單身的生活，並以此斷定獨自生活很脆弱，彷彿結婚才是標準而正常的，不婚是脫軌且異常的。

現實反倒是相反的吧？單看比例的話，成年人的生活方式中，獨自生活已是多數與主流。從二〇一五年起，韓國的主要家庭型態已經是單人戶，在二〇二一年單人戶的數量達到了七百一十六萬六千戶，占總戶數的三三．四%，這個比例比所謂「傳統家庭」的夫婦子女組成之家庭還要多（夫婦子女組成之家庭占二九・三%）。超過三分之一的家庭採用這種常見的生活方式，但這種生活方式在社會上仍然被視爲異常、少數、非主流，這難道不奇怪嗎？

在韓國國內關於單人戶的討論中，中年人並不太受到重視。對單人戶的政策和討論主要以青年爲中心的「理所當然的單身者」，或以老人爲中心的「需要被照顧的單身者」爲主。一旦提到中年單人戶，就會被認定是離婚人士，或獨自當「候鳥爸爸*」而遭遇經濟困境的男性，又或是新興的社會弱勢群體。在單人戶中形象最爲負面的世代，大概就是中年人了吧。

在開始了解單人戶的政策與討論後，我開始將過去沒有特別在意的獨自生活視爲自己的一部分。這並非刻意的意識，而是人們固有的觀念觸發了我的自我意識。舉例來說，在工作中認識新的人時，我比以前更常聽到無意義的社交話題，例如問我有幾個孩子等。而當我回答沒有孩子時，對方感到慌張的頻率也比年輕時多了，因爲他們沒想到我這個年紀的女性也會有不婚不生的。曾有

* 譯註：在韓國，「候鳥爸爸」指的是在國內工作以供養妻子和兒女出國，讓他們追尋更優良教育與環境的父親。這種家庭需要像候鳥一樣定期遷移才能團聚。

位高級公務員以爲我肯定已婚，說出「沒有家庭的人都很極端」這種詆毀不婚女性的話，被我指正之後他才道歉。我常常深切地感受到，除非被人稱爲新弱勢群體，否則不婚不生的中年人在社會上要麼被當作不存在，要麼被認爲哪裡有點異常。

從規模上來看，中年單人戶不該被大家看成若有似無的對象。根據統計廳的〈二〇二一年人口住宅總調查〉（2021 인구주택 총조사），單人戶中四十到六十四歲的中年人口有兩百六十九萬七千七百一十六人，占總單身戶的三七・六%。另外，根據〈二〇二一年中老年層行政統計結果〉（2021 중장년층 행정통계 결과），四十到六十四歲一人以上的家庭中，單人戶占了二〇・一%。也就是說在中年人口中，每五戶就有一戶是單人戶。

一生獨居的終身未婚人口也呈現增加趨勢。終身未婚率這個詞源自於日本，指的是四十五歲到五十四歲的平均未婚率，意思就是若五十歲沒有結婚，就推定一輩子會獨自生活。韓國統計廳雖未另行統計終身未婚率，但根據未來人口估算的婚姻狀況人口組成比來計算，男性的終身未婚率爲一六・八%，女性爲七・六%（以二〇二〇年爲準）。預計到二〇四〇年，男女將分別增至三七・六%及二四・七%。代表根據二〇二二年的數據計算，大約在未來的十八年後，有很大的機率是每三位男性中就有一位終身未婚，而每四位女性中就有一位終身未婚。

而且最近的年輕世代比從前更偏好不婚，因此中年單人戶的規模會繼續增加。在性別平等和家庭部（Ministry of Gender Equality and Family，韓國稱爲女性家族部）的〈二〇二〇家庭現況調查〉（2020 가족실태조사）中，二十多歲的人口中有五二・九%表示自己不想結婚，想獨自生活，在三十多歲的人口中則占了四二・七%。在二〇二二年首爾市的〈單人戶現況調查〉（1인 가구 실태조사）中，八六・二%的單人戶表示對獨自生活感到滿意，而對於未來期望的家庭型態，回答「繼續獨自生活」的人最多，占了三六・八%。

中年單人戶，也就是自己一個人變老的「Aging Solo」（獨老者，本書將統一使用 Aging Solo 一詞，以貼近原作者的表達），這個族群人口大幅增加代表了什麼意義呢？這代表的是，獨自生活並非一種過渡狀態，而是生活的基本模式，而人們正在共同面臨年老的課題。過去老年單人戶在進入老年期後與配偶死別的情況占了大多數，但現在則是有大規模的單身群體要經歷生命的轉變，由中年進入老年。在我們前所未見的超高齡社會中，以單身狀態進入高齡的人口越來越多。即便最近的兒女比較少照顧父母了，但當年老難以獨立生活的時候，許多重要的決定還是要仰賴兒女。若沒有兒女的高齡單身者增加，老年與人生最後一段路的風景也會有很大的變化。

Aging Solo是那些從婚姻壓力中逐漸解放，並長時間獨自生活的人。獨自生活的成年人也會面臨包括經濟獨立、住房、建立親密關係、情感上的安定、養老規畫等所有人生課題。大家之所以覺得不婚的中年人很脆弱、異常、可憐，是否出自於人們事先斷定獨自生活的人上了年紀後，就無法順利處理人生的課題呢？他們當然有可能無法處理這些問題，但已婚的人也是一樣的。人們變得成熟並經歷完整的人生，這個過程本來就與結婚與否無關。

普遍的觀點和解釋會將獨自生活與婚姻拿來比較，對此我不是很滿意，我感興趣的不是因單身而匱乏不完美的生活，而是即使只有自己也能好好老去的單身生活。因爲即便是獨自生活快二十年的我，也時常感到焦慮和渴望。當社會上談論到中年女性的難處是「空巢症候群」（Empty Nest Syndrome）†，會提到要「重新建構與配偶的關係」才能擁有良好的老年生活，但對於獨自生活的我而言，若要思考自身的現在與未來，這點並不能作爲參考。關於 Aging Solo 的生活，我好奇的不只是他們所「沒有的」部分，而是他們所「擁有的」，我想了解他們所經歷的旅程、解決問題的方式，以及他們所建立起的關係。我想改變他們那若有似無的存在感，讓大眾看見這些 Aging Solo。

有很多標準可以定義獨自生活的人，本書所提到的 Aging Solo 是指，無論有無結婚經驗，自己選擇在沒有配偶與兒女的狀態下生活，且目前正在這樣生活的中年人。儘管這類型的人多數爲單人戶，但即便有朋友等同居者，沒有配偶與子女的未婚中年人也算是 Aging Solo。

據首爾市二〇二二年〈單人戶現況調查〉顯示，中老年不同於青年、老年，中老年的獨立型單人戶（自願獨自生活、居住與經濟狀況穩定）最多，占了三七%。而中老年的獨立型單人戶，加上占比第二多的中壯年游牧型單人戶（自願獨自生活、居住與經濟狀況不穩定）就占了六〇%，我想這個數字

†編按：形容父母於子女長大離家後，因而形成孤獨、悲傷、失落等不適應的負面心理。

也許就和本書所談的 Aging Solo 大致重疊了吧？

我從二〇二一年冬天開始，與十九位年齡在四十至六十四歲之間的 Aging Solo 女性見面進行討論，探討孤獨、親密感、照顧、家庭與友誼、生計與居住、養老、死亡等，這些內容構成我們上了年紀「獨自生活」的主要課題。和我討論的人中有七位是正職員工，九位是約聘員工，三位是自營作業者。有十三人住在首都圈，三人住在全羅北道，一人住在慶尚南道，一人住在忠清南道，一人住在江原道。此外，爲了取得老年生活的資料，我還見了三位六十五歲以上的不婚女性。

雖然我也見到了兩位男性 Aging Solo，但這本書的討論範圍並不包括他們，後來我也停止尋求男性受訪者了。因爲韓國社會深受父權制度影響，男性不婚對他們的陽剛之氣幾乎沒有任何影響，不婚男性的經驗與女性大不相同。因爲男女所感到迫切的生命課題有很大的差異，因此很難將兩者的經歷概括在同一個故事上。

我想說明本書使用「Aging Solo」這個詞的原因。「Aging Solo」顧名思義是「獨自上年紀的狀態」，若要指稱人的話應該用「Solo Ager」（單身老去的人），但這本書中對人也使用了「Aging Solo」一詞。這個選詞是考慮到韓國國內習慣用「Solo」來指獨自生活的人；而在美國，原本大家習慣稱獨居的人爲「Single」，但「Single」會給人不完整的感覺，後來興起了一項將選擇獨自生活的人稱爲「Solo」的運動，以表達即便是一個人也是完整的人。[1]雖然若是用韓語的詞彙來寫，讀者會覺得更加熟悉，但爲了避免不斷喚起對「不婚中年人」的負面固有觀念，我選用了這個多少有點陌生的詞。

我不認爲本書中記載的 Aging Solo 和我的故事就代表了中年單人戶，也不能將我們的故事一概而論，這全都是不同的人生碎片，只是故事的一部分。我所訪問的人也在對話過程中反問過：「這種對話內容也能成爲話題嗎？」因爲她認爲自己的故事只不過是個人經驗。然而，獨自生活已成爲很多人共同的生活條件，這種生活方式與對社會的影響是否有被好好討論呢？雖然隨著單人戶的激增，相關討論也呈增加趨勢，但除了當事人自己提出的部分故事外，單人戶人口成長的狀況大多都被認爲是「危機」，以及社會共同體崩潰的跡象。在這樣的討論中，我想應該不是只有我一個人，感覺自己的生活經驗無法被解釋到。

爲了理解自己的生活，我們需要一些故事。透過別人的故事，以不同的角度看待自己，並重新建構自己的生活。當我和 Aging Solo 談話時，我能整理出自己在人生轉換期所面對的問題、減輕心中的沉重感，更加看清心中原本模糊的不安。雖然某些問題仍未找到答案，但至少我已經標記了這些需要慢慢解決的難題，不再急於求解。

本書中出現的 Aging Solo，其名字都是化名或本人所使用的別名。如果沒有清楚傳達出他們的故事，那完全是作者我的責任。我也要向欣然分享自身生活故事的人們表達誠摯的感謝。

每當我想到僅僅幾小時的採訪沒辦法包含全部的眞相、想到其他我還未見識過的生活有多龐大時，我就會開始懷疑這本書的用處。我想記錄的意志經常動搖，然而最終，想了解長期以來自身生活的渴望戰勝了這些遲疑。若沒有趙妍珠（조현주）編輯從旁扶持這股想戰勝的渴望，這本書是不可能出版的。

Aging Solo 們一直以各自覺得最棒的方式，來面對人生丟給她們的問題，並努力經營著自己的生活。這本書結合了我自己和她們的人生，希望能爲正在編織各自故事的人們，帶來一些有用的參考。

chapter
1

Aging Solo 時代來臨

中年未婚女性的「獨活」地圖

1. 成為單身中年

「老處女一詞消失了。」

這是我在二〇二二年七月瀏覽網路新聞時吸引到我的標題。新聞說以負面方式形容大齡不婚女性的「老處女」一詞在新聞標題中漸漸減少，現已不再使用。

《京鄉新聞》（경향신문）新聞資料組 Dive 爲了確認新聞標題中描寫女性的方式發生了怎樣的變化，他們對十年間七百六十三萬八千一百三十九條新聞全面分析，結果顯示「老處女」一詞最後出現在二〇二〇年四月的新聞標題裡。Dive 的分析表示：「我們達成了某種默契，認爲稱某人爲老處女是無禮的行爲。」[2]

這是令人開心的變化。仔細一想，日常生活中已經很久沒聽到或看到「老處女」這個詞了，「剩女」一詞最近也很少使用了，「高收入女性花錢如流水，爲享受人生而不結婚」等令人匪夷所思的說法也幾乎不見了，眞令人感到高興。由於單人戶大幅增加，一般女性上了年紀後依舊獨自生活的情況並不少見，自然就產生了這樣的變化。

在回顧最近的變化時，我突然想起十多年前發生的事，不禁笑了出來。四十二歲那年，我辭去了做了十八年的工作。明知道老老實實工作就能一直做到退休，但我卻覺得這不是我要走的路，便毫無準備地辭去工作。於是某位前輩把我叫去會議室問我爲什麼想辭職，要我再多想想。最後在說服我的過程中，前輩鬱悶地說：「妳這個年紀沒老公也沒兒女，這樣還辭職是要怎麼辦？妳要毀掉自己的人生嗎？」

不知道這是極度擔心我，還是直接的指責，他這番模糊不清的話讓我愣住了，我不記得自己回答了什麼，只留下一個明確的印象，「我這個年紀的女性要是沒老公、沒兒女，而且連一個正職的工作都沒有，人生應該就像是毀了吧」。

不管別人怎麼看，多虧了我「沒老公、沒兒女」而沒有被綁住，我得以多次獨自長途旅行，也因此才能體驗新的冒險。我所累積的寶貴經驗，都是離開了安穩工作進入陌生領域才能經歷到的。當然，就算有家庭，這些體驗也並非不可能，但在做人生重要決策時，單身的人可以只考慮自己，因此更容易將想法付諸行動。

在強調家庭觀念的社會裡，我無法形容長時間獨自生活的經驗是非常光明、溫暖的。然而，這段經歷也擴展了我對世界、對他人的理解。離婚後，我得以回顧我長期身處的制度與生活，對於脫離主流生活，以及社會少數群體被憑空貼上汙名標籤的不公平誤會，我也有了更深刻的思考。我還學會了不以表象斷定他人，也盡量不隨意揣測別人的內心。

儘管在生活中仍經常感到動搖與困惑，但隨著年齡增長，處理問題的品格與智慧也增加了，不會像年輕時那麼痛苦了。總之，我與同齡已婚者並沒有太大的區別，我平平淡淡地經營著我的生活，與十多年前前輩所擔憂的不同，我並沒有毀掉自己的人生。

●心靈富足的中年「單身生活」

我所遇到 Aging Solo 們大都對自己的中年「單身生活」持正面態度。

在地方團體工作的姜美羅（강미라，五十二歲）給目前的不婚生活滿意

度打了滿分一百分中的九十八分。她表示好友住得不近所以扣了兩分，幾年前她爲了找個更大的生活空間而移居京畿道的小城市。

「生活滿意度隨著年紀增長也提高了。小時候偶爾會因爲覺得別人過得比較浪漫而感到憂鬱，也有對獨自生活感到挫折的時候，但年過五十後感覺變好了。我曾經差點結婚，現在卻覺得幸好我沒結婚。二十幾歲時過得很開心，但也有莫名其妙的焦慮與不安，不過現在都消失了。爲了找更大的生活空間我還搬了家，雖然經歷了更年期症狀，但我認爲隨著年紀增長，生活會越來越好。」

當被問到哪方面會變好時，她提到自身態度的轉變。

「困難的事就和以前一樣，也許現在難點還更多了，但面對這些困難的我已經不一樣了。現在不管再怎麼累，我知道這已經是谷底了，只要稍微走一下就能往上爬，應該就是這樣才產生忍耐的力量吧？努力接受現實，過度反應和過度解讀的情況好像就比以前少了，我學會設定現實的目標，不執著於人脈與關係網，並專注在對我來說很寶貴的關係上。」

對於一直在工作的單身者而言，中年是經濟活動最爲活躍的時候。現爲自由工作者的朴眞英（박진영，四十六歲）表示：「對於單身的人來說，四十幾歲好像是全盛時期。」

「職場上的不婚女性在年過四十後，要獨自應對一切並不會太難。雖然我的職業並非高收入的工作，但相對支出來說算是充裕，因爲我一直都在工作，又沒有需要扶養的家人。由於沒有孩子、丈夫、婆家、娘家，唯一需要擔心和照顧的對象只有我和我的工作，我百分之百利用了這項優點。身爲自由工作者，無法保證一直有工作，所以我認爲應該在力所能及的時候盡量多工作。這樣看來，要說我和工作結婚的話好像也沒什麼錯（笑）。如果跟別人一起生活，不論喜歡與否，都會有對話或瑣事不斷插進生活中；而沒有這些狀況的我，時間分配的優先順序完全取決於自己，我更能確保自己有專注的時間，而這點在工作上應該是很大的資產。」

當被問及以單身狀態變老的感受時，她答道：

「雖然我不曉得自己年齡漸長是否過得越來越好，但我並不會想回到年輕的時候。不是因爲年輕時太痛苦而不願回去，而是很感恩地想著我感興趣的事都充分做過了，這樣過完一生沒有什麼怨恨或委屈。雖然沒能結婚生育，但我認爲這件事在任何時期都不是我迫切想嘗試的優先事項。以我的標準來看，在社會上取得成就並得到認可的部分，我已經做得很足夠了，我不覺得我還能擁有得比現在更多。」

曾多次換工作的南智媛（남지원，六十歲），從廣告代理商高階主管到非營利組織的人員，再到顧問，她表示在做出搬家、跳槽等重要決定時能輕鬆做出選擇，是單身的優點。她說：「目前爲止我人生中所擁有的各種機會，有七〇%到八〇%都是因爲我不婚才能擁有的。」

「我工作了六年存了一筆錢，在三十一歲時出國留學。由於沒有必須負責的一段關係，我才能爽快地做出決定。四十到五十多歲時，我每隔幾年就選擇辭職跳槽，但不論我冒著什麼風險，受影響的都只有我自己，所以做決定並不難。有些人會說我的選擇很有勇氣，然而這並非勇氣，而是我沒有阻礙。當然，我也沒有能照顧與帶領我的依靠對象。」

她表示單身的優點是：「因爲做出單身的決定，才能走到『現在這裡』，讓我能自由探索新世界。」

當被問到要以不婚狀態，迎接離老年不遠的六十歲感覺如何時，她說：「覺得這樣已經足夠了。」

「若在年輕時瘋狂戀愛過，也許我會因爲想體驗看看那種經歷而結婚，但當我被求婚時並沒有那種感受，所以就沒有選擇結婚了。雖然以前我也曾經在某個階段，會想到某個年紀要結婚生子，想著要是老了的話會怎樣，但現在也沒有那些想法了。」

她在二〇二一年迎來六十歲之際，自己規畫了一個跨入六十歲大關的儀式。她執行了名爲「話語回顧」的個人計畫，她問了親近的人：「請問我對你說過最印象深刻的話是什麼？」除了兒時朋友與家人外，她把這個問題發送給三十多位在社會上遇到的朋友、同事與後輩，並得到其中二十多人的回覆。從一兩句的簡短回答到用 Excel 表格整理出來的回答都有，甚至還有後輩附加說明自己聽到這些話語的感受。

「我的目的是回顧這六十年來的人生，並讓自己思考未來十年要如何過。我可能不太了解眞實的自己，因爲想知道我是怎樣的人、身處在怎樣的關係網絡中，才進行了這個計畫，自己坐在那裡默默想是不會有答案的。我認爲越是過著不同於一般人生軌跡的生活，就越需要透過旅行或活動來進行自我總結，進而訓練用陌生的視角來看自己。」

●因為不再年輕而變得自在

Aging Solo女性之所以認爲上了年紀的中年生活比年輕時更好，這與韓國社會對未婚年輕女性的態度有關。

藥劑師宋美英（송미영，四十七歲）說，中年後獨自生活比以前更自在了。

「沒有結婚的年輕女性就好像是社會裡最弱勢的一群，大家都輕視、忽視並隨意對待她們，因爲她們沒有任何武器能反擊。而年紀大了以後，現在別人都不敢隨便對待我了。隨著年齡增長，我也具備能對抗攻擊的功力，受到的傷害比以前小，因此也比二十多歲時活得更自在。男人討厭中年不婚女性，但也害怕她們。因爲如果男性會輕視二十多歲不婚女性，或將她們視爲可以利用的對象的話，那麼也可以說中年四、五十歲的不婚女性與男性處於競爭狀態，甚至可能比男性更具優勢。」

裴置藝術家鄭世姸（정세연，五十四歲）指出，活到五十多歲中段之所以會比以前更自在，原因之一就是社會上對獨居女性的性別攻擊與騷擾減少了。

「之所以選擇在三十歲初去留學，是因爲在藝術界以年輕女性身分生活實在太難了。我的工作類型本身就非常辛苦，女性更是難以在這個領域立足，再加上年輕女性會被當作性騷擾的對象，因此壓力非常大。我在美國過了十四年，四十歲出頭回國時又被貼上『在國外生活過的女人』的標籤，用『妳肯定玩得很開吧』的言語攻擊我。直到五十幾歲的日子都快過半，現在我才開始感到自在。把我當作性騷擾對象的行爲與欺負我的舉動減少了，來自周遭的結婚生子壓力與無禮的問題也少很多了。當然，對不婚中年女性的負面偏見仍舊存在，我偶爾還是會聽到攻擊性的話語，但相較於二十來歲時我的經濟、社會條件已經好很多了，應對一切的功力也變強了。」

她用稍微諷刺的語氣說：「韓國社會的年齡歧視有時候很好用。」

「由於年齡受到歧視，小時候曾經吃過虧，但現在大家可能覺得我老了，所以跟二十幾歲比起來，幾乎沒有人敢公然冒犯我了。」

她表示，因爲自己已不是年輕女性，生活變得輕鬆自在了。這番話是有點苦澀的證詞，證明了社會無禮地輕視年輕女性，以及物化年輕女性的情況非常嚴重。

雖然我遇到的 Aging Solo 女性並沒有經歷很多這些問題，但對於年長女性的性物化與暴力的問題仍在現實社會中蔓延。在此我並沒有要否認這種現實，而是想談論對比每個人現在與過去的生活，存在著哪些變化或重新定義的觀點。

我們也能從調查中確認不婚女性生活滿意度隨年齡增長而上升的趨勢，KB金融經營研究所出版的〈二〇二〇年韓國單人戶報告〉（2020 한국 1인 가구 보고서）寫道：「過去的調查顯示，隨年齡增長，以單人戶方式生活的意願呈下降趨勢。然而，在二〇二〇年的調查中發現，女性的狀況不同於男性，即使年齡增長，女性以單人戶模式生活的意願幾乎沒有改變。」

該調查結果中，最引人注意的是 Aging Solo 女性的自信心。關於「我認為我過著自己主導的生活」這項陳述，五一．四%的單人戶回答是肯定的，五八．六%的四十多歲女性與六五．五%的五十多歲女性也同意這項陳述，這遠超過了平均。關於「我在日常生活中是會表達自身想法的人」這項陳述，五〇．八%的單人戶表示同意，而五八．六%的四十多歲女性與六一%的五十多歲女性同意這項陳述，比例遠高於平均。[3]

●自我認知與他人眼光的差距

雖然許多 Aging Solo 女性「堅持信念，且自主生活」，但周遭的眼光和這樣的自我認知卻有很大的差距。即使她們已經離成年很久，早已步入中年，但仍有人認為她們獨自生活的模式只是暫時的狀態，或斷定她們無法獨立打理日常生活。

鄭世妍在美國獨自生活了十四年，由於物價高的關係，她養成了不外食並親自下廚的習慣。藉著經驗累積，她做菜做得又好又快，但周遭的人幾乎不相信這件事。

「某天我偶遇高中時的朋友，朋友請我去她家裡玩，她說：『自己住怎麼可能好好吃飯，我來做好吃的給你吃。』雖然感恩，但斷定獨自生活就是這樣過日子，實在有點令人無言以對。所以我就說：『喂，我應該比妳會做菜吧？』而她卻不相信。類似的事不斷發生，我媽每隔一段時間來我家就會開冰箱檢查，她認爲自己生活的人不會吃像樣的食物。因此，爲了表現給媽媽看我還特別做了菜，請她放下對我飲食生活的擔憂。」

在公益團體工作的朴仁珠（박인주，五十歲）即便過了四十歲也常聽到周遭的人說她是「自炊生」＊。這種說法代表他們認爲獨居只是暫時的，並認爲她不會好好經營生活，無法照顧好自己的日常起居。

「活動結束後如果有食物剩下，長輩們一定會指著我說：『自己煮肯定沒辦法好好吃飯，這個妳帶走吧。』甚至連曾參與過女權運動的前輩們都如此，一旦在活動或聚會上發現獨自生活的男性，她們就會不顧雙方意願若無其事地說：『你們兩人好好相處看看吧。』大家幾乎都沒有『上了年紀的女性也能獨自生活』的概念。」

這種想法並非只存在於年長者之中。二〇二一年，梨花女子大學社會學系教授金敃志（김민지）對二十五到四十二歲的高學歷不婚單人戶女性做了深入的訪談，根據她的研究[4]顯示：「研究參與者大多對獨自生活感到滿意，享受獨自生活經驗所帶來的個人強化，也習慣了這種生活方式，但很少有人認爲在年老之後獨居是理想的選擇。」

一位研究參與者表示，周遭的人對獨自生活的年長女性抱持著異樣眼光，甚至會產生一些謠言，這樣的氛圍讓她也產生了一種認知，覺得「原來隨年歲增長，獨自生活會變成人們議論的事」。雖然周遭的議論也不能說是批

＊譯註：指爲了上學而自己住，且自己做飯吃的學生。

評，但仍感覺其中帶著一股沉重的壓迫感。[5]

Aging Solo 女性並不是對周遭的眼光不知情或不在意才選擇獨自生活，而是儘管如此，在她們的生活背景中，選擇這種生活方式還是有其他的原因與價值。

其實我不認爲一定要結婚，但我也不是不婚主義者。某些人對婚姻生活與不婚生活方式抱有某種信念並堅守著這般生活方式，且他們會稱其生活方式爲「某某主義」，我尊重他們的想法，不過卻感覺有些彆扭。我認爲在自己的人生中，以什麼方式建立親密關係，根據時間與情況的發展隨時都可能改變，這是個人的選擇。雖然我獨自生活了很長的時間，但可能又會和某人一起生活，也有可能再次獨自生活；也許不會想和某個親近的人共同生活，但會想住得近一點。人生中的生活方式是多樣的，而且隨時都有可能改變。

讓我覺得奇怪的是，雖然單人戶的數量並不少，但把「獨活」當作持續生活方式的 Aging Solo 女性們，爲什麼還像前述研究參與者所形容的那樣，遭受他人用暴力的沉重眼光看待呢？只是脫離了傳統家庭的形象，爲什麼大家會認爲「沒老公、沒兒女」就是有所不足的人生呢？爲什麼只會臆測她們是孤獨且辛苦的呢？

雖然訪談對象不包括 Aging Solo 男性，但也有研究顯示[6]，在排除社會與經濟因素後，Aging Solo 男性的獨居生活對其主觀幸福感有積極影響。我們更應該嚴肅對待的，難道不是讓男女都將家庭組成視爲風險和負擔，根深柢固的家族主義嗎？

Aging Solo 與其他所有已婚者一樣，也各自以不同方式過著豐富的生活，同時肩負著各自的困難與必須解決的課題。不用勸誰，也不用怪誰，獨自生活只是多樣的生活方式之一。我寫這本書想實現的願望之一，就是希望 Aging Solo 看起來不再特殊，而是平凡而自然的存在。

2. 當有人問起不婚的理由

長期以來，所有制度與產業都把結婚、組建家庭視爲完全成年的唯一方式，並且賦予這件事絕對的價值，在這樣的社會中，我們很難想像出新的生活方式。或許也正因如此，若有人不遵循這條單一路徑，往往就會被認定爲有某些缺陷或原因。

剛開始寫這本書時，一位二十多歲的不婚女性對我說的話似乎就是出於這樣的猜測。她說她對於「獨自生活」到老感到好奇，如果能將其出版成書那就太好了。

「我從來沒想過，中年以上的不婚女性會主動選擇不婚。」

我被她的這番話嚇到，問她爲何會這樣想。她表示自己的猜想是，中年女性應該是因爲能力很強而獨自生活，或是別無選擇。可能是爲了成功而埋頭苦幹，靠努力收穫的財力與社會地位而不婚，或是因爲某種缺陷而獨自生活。

社會上對於婚姻或家庭關係的疑問過於直接，所以我也時常被問爲什麼會獨自生活。某天一位在工作上認識的人，在我都還沒回答前他就自問自答地說：「因爲是潑辣女†（不知道爲何會有這種奇怪的說法）所以才跟工作結婚了啊。」當記者時在聚餐場合中有人問我爲什麼不找另一半，並用天眞的表情問：「不是啊，妳很正常啊，到底是怎麼了？」眞的讓我很尷尬。

說什麼跟工作結婚？好貧乏的想像啊……記得以前在某小說家的作品中看過一個說法：若讓人一看就知道身分是警察還是記者，這種人是生活過得不好的人。我也這麼想，我確實喜歡工作，也的確一直都過著過勞的生活，但卻從未想過工作就是我的全部，除了工作以外什麼都不重要的人生，這種生活光想像就很可怕。

爲何獨自生活呢？不知不覺間就變成這個樣子了。我的情況是，我對婚姻不再抱有浪漫的期待，談了幾次戀愛也沒有朝著再度進入婚姻制度的方向發展。我至少有能力自理，也知道我絕對需要獨自生活的時間與空間。雖然也有時候會內心動搖並產生危機意識，懷疑是否能這樣生活，但這不足以改變生活

†編按：맹렬여성，直譯爲猛烈如火的女性，通常指擁有強烈的事業心和獨立自主的精神，在社會和職場中表現優異。

的優先順序。雖然我也知道有外界的憂慮和非難，有時甚至是敵意的目光，但對我來說這樣的生活很自然。

而我遇到的 Aging Solo 也跟我差不多，大多數的人都表示「不知不覺間」就成爲不婚族了。這不代表我們是漫不經心，活著活著就成了這個樣子，而是不婚並非是一種賭上人生的重大決定或悲壯選擇，是在自身價值觀和生活的背景下，自然而然產生的結果。

雖然各自不婚的理由都不一樣，但若要選出共同點，那就是他們對生活與結婚的看法是相似的。他們認爲結婚並非必須，而是一種選擇。我不認爲必須有個法律上的伴侶，有些人即便有交往中的對象也選擇獨居；有些人覺得雖然有交往對象很好但沒有也沒關係；甚至有些人根本對此毫無興趣，或是會在其他關係上滿足自己對伴侶關係的期待。以前有很多情況是，因爲不想讓自己活得跟媽媽一樣而決定不婚，但最後卻不得不結，然而現在的經濟與社會條件改變，這件事對於選擇不結婚的影響也很大。

● 優先為自己做選擇

邊在公司上班邊寫博士論文的鄭秀京（정수경，四十五歲）表示：「我的當務之急就是要先投資我的人生，所以我決定獨自生活。」

「我和我周遭獨自生活的朋友都不是信念堅定的不婚主義者。雖不是刻意不婚，但認識對象時會實際地考慮。如果選擇兩人一起生活，我的人生會變得更好嗎？如果可能性不大，就不會選擇結婚。因爲我把重心放在邊工作邊學習的生活上，結婚就被排除在優先順序外了。積累足夠的資本，讓自己有安全感是我人生的首要條件。」

南智媛解釋：「我不曾煩惱過是否要以婚姻的形式過活，只是因爲我有很多想做的事，這讓我很容易就能做出選擇。」根據她所說，父母應該很早就了解她的個性，所以並不會爲了叫她結婚而纏著她。

「我是獨生女，父親偶爾會提出很有禪意的問題。記得十一歲時，父親問我婚姻是什麼，我回答說：『親戚會變兩倍多。』幾年後，當我被問到願望是什麼時，我回答：『擁有自己的房間。』經過幾次這樣的問答，他就了解了我的個性，父親直到去世時都不擔心我的不婚狀況。有一次父親說起已故的消費者聯盟名譽會長鄭光謨（정광모）的故事，父親在活動中偶然遇到他時說道：『我年近四十的女兒想做的事情很多，但就是完全沒有結婚的念頭。』鄭光謨回答：『獨自生活也不錯。』在父親眼裡，那位厲害的人都這樣說，看來不婚的生活應該也不錯。」

而自由作家吳熙珍（오희진，五十二歲）和我一樣，離婚後不想回到婚姻制度中，因此選擇了獨自生活。

「滿三十歲離婚後，我獨自生活了二十多年。婚姻生活我已經歷過一次，對此已經沒有好奇心，我了解到人與人間的忠誠與奉獻跟制度的束縛無關。對我而言，擁有屬於自己的空間並維持這個空間是最重要的。即便遇到好對象，我也不想二十四小時共處同一個空間，而是想分開生活，只要周末一起過就好。」

Aging Solo並不認爲結婚與否是影響自身認同感的重要因素。在公家機關上班的金智賢（김지현，五十二歲）表示：「每次思考我想成爲什麼樣的人，我都會考慮自己的工作、想要什麼、喜歡什麼人等，但婚姻問題並不包含在其中。」對於自己的不婚狀態她表示：「這是環境與性格綜合作用的結果。」

「職場上的會計單位是以年爲單位，我就配合這樣的單位生活著，沒有制定過人生的長期計畫。二十九歲那年我媽媽生病了，身爲大女兒的我，強烈感到自己應該扮演『媽媽的媽媽』。急於叫女兒結婚的母親生病了，我自然就離結婚的機會更遠了。父親也只會說：『希望妳能當上部門經理。』而不是說：『希望妳能結婚。』年紀過了所謂的適婚年齡我也沒什麼感覺。妹妹對結婚這件事感到焦急，她把結婚放在所有事情的前面，但我覺得不結婚也沒關係。也許是因爲結婚給我一種畫上句點的感覺，所以我才會想避開吧。總之，應該能這麼說，我有點恐婚，沒有積極努力、沒有來自家人的壓力，而我所處的環境也不適合把結婚這件事放在首位。」

「環境與性格的綜合作用」以多種形式呈現，在研究機關工作的崔惠媛（최혜원，五十二歲）說：「我小時候覺得沒結婚的女老師們很孤僻，不想成爲那樣的人，我以前是想早點結婚的人。」

「本來想在三十多歲時和交往多年的對象結婚，然而在雙方父母見面的過程中發生了爭執，兩邊家庭爭論不休，都吵著表示自己吃虧了。我發現結婚要做出很多妥協，而我無法承受。」

然而，她之所以繼續不婚的生活，很大程度上是受到同儕們的影響。

「一九九〇年代後期，我一直和用電腦撥接網路認識的朋友一起玩，而我們之間最大的共鳴是『這輩子完蛋了』。其實這句話有點誇張了。大家都在安穩的環境下長大，上大學時的九〇年代初期，社會氛圍開放，而我們正是受惠者。後來發生IMF外匯危機‡後，韓國成爲資產積累至上的社會。這些朋友雖然對這樣的變化感到不滿，但也沒有強烈抵抗，而是抱持著『我就是不想幹』的態度。雖然能認清現實，卻沒有改善的想法，在生活態度和與他人的關係上有著不隨波逐流的共同點。這些朋友中有許多人是單身者，我就這樣和他們一起混，二〇〇六年進了研究所，非主流生活的研究非常適合我，然後我就這樣不婚了。」

對父權制度下的婚姻反感

即使不婚並非是一個悲壯的決定，只是個人的選擇，但這種選擇也不會憑

‡編按：在金融風暴的影響下，多國面臨破產危機，被迫向國際求援，韓國就是其中之一。韓國在一九九七年十二月三日宣布破產，政府接受了國際貨幣基金組織（International Monetary Fund, IMF）的有條件金融援助，開始了一系列經濟和組織重整計畫。

空出現。如果沒有父權式的性別歧視、沒有爲結婚生育所付出的機會成本或成本很低，那麼就算是想過屬於自己的生活，也不會有那麼多人排斥婚姻。

主動選擇不婚的 Aging Solo 們也表示，與其說她們偏好「獨活」，不如說她們是不想接受父權社會中婚姻制度對女性的壓迫和不平等。

公務員金多任（김다임，四十六歲）從大學開始，就常常和周遭朋友談論不婚的話題。

「二十多歲時，我曾和學姊、朋友們共組不婚共同體的聚會。關於女性在家庭中的生活，我有很多的憤怒。從小就經常聽到要我照顧弟弟、去洗碗之類的話，不管年輕與否，女性負責照顧是理所當然的事，對此我非常反感。結婚的話更是如此，對未來生活的模樣我已經能看得一清二楚了，我不喜歡這樣，也沒有自信承受。婚姻不是個人對個人的關係，而是要成爲一個連婆家家人都要照顧到的角色，這點讓我壓力很大。」

很早就下定決心不結婚的她在三十多歲時，不得不與強迫她結婚的父母

「打了一仗」。

「因爲結婚問題，當時沒有一天能安寧，每天都在吵吵鬧鬧。某年爸爸生日，媽媽在飯前禱告時突然哭著說：『請讓我的女兒一切順利。』幾天後爸爸投稿到廣播節目的家庭故事被選中，他要我去聽聽。出於好奇我就去聽了，爸爸提到了我，他說：『謝謝妳不久前回家還幫我修電腦。』然後突然說：『只要妳結婚，一切都會……』開始說一些我想快轉掉的話，眞的很讓人無言（笑）。總之情勢發展到頂峰，我也過了四十歲，父母的憤怒雖然減少了，但偶爾也是會爆發，他們會對我說：『聽說最近不都晚婚嗎？妳也可以做得到。』」

鄭世姸表示，自己長期在國外生活的期間「對韓國社會的性別歧視與父權制更加憤怒」，因此選擇了不婚。

「很小的時候，只是覺得傳統婚姻中女性的地位有點奇怪，卻對此不太感興趣。直到去了美國，我才清楚地了解我在韓國經歷的辛苦，原來是出於性別歧視。在另一個社會生活過以後，我切身感受到韓國的性別歧視與女性地位低下並非理所當然。美國當然也有歧視，但態度有點不同，因爲他們不會提到女性的角色是要一直照顧男人。因此，我下定決心不踏入婚姻的制度中，並直截了當地告訴父母。後來回到韓國父母再提結婚的事，我說：『如果在這個年紀結婚，就不可避免要當看護了。我不喜歡，我要自己賺自己花。』」

姜美羅表示：「雖然我不覺得不婚比結婚優越，但我從來就沒想過要結婚。」

「雖然談了很多戀愛，但我從沒想過要結婚。曾經有個男人說要和我結婚，還要一起去留學，和他交往時我也沒選擇那條路。現在想想，可能是因爲家裡的情況吧。我的原生家庭經濟狀況困難，家中也有身心障礙人士。我覺得結婚是資本與家庭間的結合，是一種契約。看到周遭結婚的人，也會懷疑是不是這樣。即便我自己的學歷或工作可以拿來當條件，我也不想讓我的原生家庭有機會受人評價，就是不想在合約上吃虧的意思。因此，我選擇了能以自由意志生活的型態。」

● 從未考慮踏入婚姻

也有些人完全對婚姻不感興趣，她們覺得婚姻既不是選項，也不需要爲婚姻制度感到憤怒。奇怪的是，她們都是一九七〇年代出生的人。

宋美英說：「我不是選擇不婚，而是沒選擇結婚。」

「大家都說結婚是基本，而不婚才是選擇，但不應該是倒過來嗎？要做某件事才是選擇吧。我不是選擇不婚，而是從小到大壓根就沒想過要結婚，就一直維持這個狀態罷了。在人稱適婚年齡的年紀時，我辭職並重新參加了大學入學考試，後來考進藥學院。那段經歷可能也對我有所影響，同齡人結婚時我也沒想過『我是否該結婚了』。」

她從來沒想過自己不婚的生活，是暫時性狀態還是過渡期。

「朋友在買好東西時總是會猶豫地想『結婚後要再買新的』、『只會用一陣子而已』等，但是我覺得要買就要買最好的。三十歲出頭我開始獨自生活，買了一個大冰箱，周遭的人勸我：『一個人生活怎麼會需要那麼大的冰箱？買小的然後以後再換大的吧。』反正買了我就會用很久，於是就買了大冰箱用到現在，因爲我不覺得不婚是暫時的生活型態。」

當被問到選擇不婚的理由，朴眞英搖頭說道：「與其說選擇不婚，不如說我從未爲結婚努力過。」

「我的朋友們十個人就活出十種完全不同的樣子，有像我這樣沒結婚的人、婚後沒生小孩的人、離婚後有孩子的人、領養孩子的人、和年紀小很多的男性同居的人，還有同性情侶等。因此，大家的生活過得不一樣也是很自然的，大家都各自隨心所欲地生活，並不覺得不婚有什麼特別不一樣的地方。」

自由接案的活動企畫李珠元（이주원，四十八歲），也是幾乎從未考慮結婚的 Aging Solo。

「歲數到三字頭中段考慮回鄉發展時，我有點害怕自己一人回去，覺得自己也許需要個安全網，所以一度『功能性地』想過結婚的事。但當我放棄回鄉後，這種心情也消失了。我認爲生活型態能不斷改變，可以獨居、可以同居、可以和朋友一起住，也可以幾個人聚在一起組一個共同體。生活就是如此有彈性，在我眼裡，把人分成已婚的人和不結婚的人來看是很奇怪的，這種分法似乎還是把不婚當作不完整的狀態。」

● 隨時代改變的不婚樣貌

和 Aging Solo 聊天時發現，很多人有出國旅行、語言進修、留學等獨自在國外居住的經歷。

首爾大學比較文化研究所教授池恩淑（지은숙）博士是研究不婚的學者，她表示：「當我在研究日本與韓國的不婚者時，發現有很多人曾在國外生活過。而韓國方面，受到一九八九年的國外旅行自由化影響很大。」

「討論全球化對女性生活帶來的變化時，人們似乎經常覺得只有身爲照顧者的移工受到影響，然而事實並非如此。單看移動的人口，『在地』男性雖然會覺得既得利益被剝奪，但女性卻會想像自己即將擁有新機會。認知和想像某個空間的心像地理，並不局限於她們目前居住的位置，當思考自己在世界上的位置時，她們能夠在地圖上想像自己的存在。如果認爲生活是開放的，就不需要在當前的位置積累資源和定居，而是可以去別的地方生活。反正都是貧窮，那麼到別的地方貧窮的過也許更好。這種想法爲人們帶來了很大的心理寬慰。即便脫離主流生活，生活也不會結束，雖然離開這裡去非主流的地方生活會讓人感到害怕，但也能想像出新的可能性。而且，這樣的例子還不少呢。」

《第一代不婚者的誕生》（비혼 *1*세대의 탄생）作者洪在熙（홍재희）

也在書中表示，包括她自己在內的第一代不婚者是，「一九七〇年以後出生，在一九九〇年代接受大學教育並度過二十幾歲人生的X世代女性，經歷學歷通膨現象、國外旅行、語言進修等洗禮，是全身性接受個人主義到來的自由主義第一代」。在IMF外匯危機的直接打擊下，經濟上的不安把婚姻的穩定性都奪走了，因此出現許多新女性，「對於婚姻在女性的人生中被理所當然地視爲必要這點，她們開始抱持懷疑態度，並開始想像制度外的生活」。

相反地，最近二十到三十多歲女性對不婚的看法似乎與這一代人截然不同。不久前，某位朋友跟我說：「我那讀大學的女兒表示她是不婚主義者，和我們小時候說『我不結婚，我要自由』的氣氛不太一樣。」

「我問女兒爲什麼不婚，她長嘆一口氣說：『因爲妳是我媽我才原諒妳喔，妳不能問這種問題。』實在很尷尬。之後我們還有機會再談這件事，女兒表示#Me Too事件§、網路性犯罪、厭女現象和政治圈的性別分裂情況等影響很大。聽說在我女兒的系上，男女之間幾乎都不說話。」

在不婚論調上，世代間的差異也表現得非常明顯。池恩淑博士在研究中分析了韓國對不婚討論的趨勢，根據她的研究顯示[7]，第一代不婚者在「一九七〇年代後出生，在民主化運動中培養出批判性社會意識，與父權體制和以所有權爲中心的社會保持距離，過著群體導向的生活，主要在生活政治和福利政治領域以自身經驗爲基礎創造新的議題」。

二〇一五年以後，「經過＃Me Too運動、江南站殺女事件**等，網路上出現了以二十到三十多歲女性爲中心的新女權主義潮流」，其中也開始「把不婚視爲打擊男性與父權體制的政治行動手段」。隨著這種由第二代不婚者所主導的趨勢出現，我們也迎來了不婚大眾化的時代。

二十到三十多歲女性與本書探討的Aging Solo世代截然不同，很難以我狹隘的觀點來判斷，當這些女性年齡漸長，韓國社會將會發生怎樣的變化。然而能肯定的是，不選擇結婚制度而獨自生活的人，他們的增加趨勢是無法逆轉的。

無論是把不婚當作政治觀點的人，還是因選擇適合自身生活方式而偶然成爲不婚者的人，他們選擇不婚的基礎背後有共同的價值觀——他們認爲不會因為制度上和他人的人生綁在一起，而讓自己過得更幸福。隨著在都市獨居變得更容易、從各種網絡建立人際關係的方式變得更發達，比起僵化的結婚制度，選擇只為自己而活的人也會越來越多。

不婚的獨居人口增加是全球性的現象，不只在美國、歐洲，在亞洲、南美、中東、非洲等地的獨居人口也在增加。

研究單身的以色列社會學家伊利亞金・奇斯列夫（Elyakim Kislev）在《單身年代：一個人的生活可以簡單，卻不會孤單》（*Happy Singlehood: The Rising Acceptance and Celebration of Solo Living*）中提到：「當今社會裡，單身型態是許多國家最快速成長的人口型態。」他也說明了他的預測結果：「二〇三〇年左右，全世界的單身比例將達到二〇％。」由於婚姻文化受女性人權提高、預期壽命

---

§ 編按：#MeToo 是二〇一七年十月哈維・溫斯坦（Harvey Weinstein）性騷擾事件後在社交媒體上廣泛傳播的一個主題標籤，用於譴責性侵犯與性騷擾行為。

** 編按：二〇一六年五月十七日在地鐵江南站附近一間ＫＴＶ的公共廁所發生隨機殺人案，兇手被捕後，說自己「都被女人忽視」才憤而犯案，韓國網友表示，這根本是一起「仇女殺人案」。

延長、高等教育擴大、都市化等因素影響，然而這些社會變遷因素並不會倒退。

撰寫《獨居時代：一個人住，因爲我可以》（*Going solo:The Extraordinary Rise and Surprising Appeal of Living Alone*）的美國社會學家艾瑞克．克林南柏格（Eric Klinenberg）指出：「人類集體生活已達二十萬年，然而大量人口挑戰獨自生活的時間卻只有五、六十年而已。」他表示居住在獨居人口激增的社會裡，了解這個現象代表什麼是很重要的工作。

獨居人口增加的趨勢，幾乎影響了所有社會群體與個人的生活，我們的社會是否充分理解這個趨勢呢？還是我們被規範家庭的生硬框架、對獨自生活的陳舊觀念蒙蔽了雙眼，無法直接面對現實，只把它視爲一種「問題」呢？

3. 不生小孩的女性很自私嗎？

有個小故事讓我切身感受到，不婚不生的女性幾乎一生都會因爲沒有孩子而被貼上負面的標籤。

這是在二〇一九年秋天，前公平交易委員長趙星郁（조성욱）舉行人事聽證會時發生的事情。某國會議員在提問過程中突然問道：「妳還沒有結婚吧？雖然個人發展很好，但還是希望妳能對國家發展有所貢獻。」趙前委員長當時是五十五歲的不婚女性。

那位議員沒有停止無禮的行爲，他繼續問道：「出生率低會毀掉我們的國家，如果像候選人這樣優秀的人有生育的話，我就認爲是滿分的候選人。」公職人事聽證會是在驗證候選人是否具備領導組織所需的能力與道德，不曾想過會在這種場合聽到這樣的言論。提問者這句妄言暴露出他認爲女性是生育機器，也引發了眾多言論的指責。

如果是中年男性候選人不婚不生，就不會被問這樣的問題。不婚不生女性在過了所謂的「適婚期與生育期」，即使已經來到五字頭的中段歲數也會在正式場合因未生育而受人非難與訓誡。女性的子宮有如公共財，個人的生育行為好像成了公共義務一樣。

雖然單人戶的數量創下了歷史新高，但是不生孩子獨自生活的女性仍被指責「沒做好自己該做的事情」。大眾的目光像繩索一樣把女性的存在與孩子、家人綁在一起，即便成了老太婆，這樣的目光似乎還是會一直跟著女性。青年與中年時期，大家會劈頭就問「孩子幾歲」、「怎麼沒生」等無數問題，老年時期則會被問「孫子幾歲」，彷彿這就是自然的順序一樣。

不婚女性不生的理由因各自的情況而有所不同。生不生純粹是個人因素，所以沒有必要回答「為什麼不生」這個問題。

正如作家蕾貝嘉・索尼特（Rebecca Solnit）在《女性總是被問相同問題》（*The Mother of All Questions*）中所說的，這些問題來自於一個想法：「假設世上只有一個女人，而那個女人就像為整個物種服務的電梯一樣，一定要結婚、繁殖、接受男人、生育孩子。」這種問題是「站在提問者的立場只有一個正確答案」的封閉性提問，「與其說是問題，不如說是斷定的發言」。「這種話是在對我們這些將自己視為個體，並認為自己可以開創自己道路的人斷言我們是錯的。」

如此有害的斷定式發言常見的變體可能是，「生孩子才能成爲眞正的大人」這句話。然而，現實中有很多血淋淋的例子是，有些人即便有了好幾個孩子，別說變成熟了，甚至可能也完全找不到他成熟的一面，因此這類的話我只會當耳邊風。並不是要生孩子才能成爲大人，而是要從父母身上獨立出來，爲自己的生活負責，尊重他人，懂得如何建立關係，這樣才能成爲大人。

● 生育是人生最深刻的經歷嗎？

儘管如此，有種更巧妙的變體讓我印象深刻，一直記到現在。四十歲出頭，一位關係密切的前輩對於我不生育一事發表了以下的言論。

「人的一生能嘗試的事情中，妳從未體驗過那最深刻、最有價值的部分，這點讓我很心痛。」

和前輩失去聯繫後偶爾還是會想起這句話。雖然有一部分想反駁的心認爲，這句話來自於對多元生活方式的淺薄理解。但另一方面我也對自身的不足有所認知，也會懷疑自己的人生，這些想法交織在一起，心情往往會變得複雜。眞的是我活得不對嗎？我是不是眞的錯過了人生的重要經驗，會不會在死前還不曉得人生爲何呢？這種焦慮情緒擾亂了我的心。

在和 Aging Solo 對話的過程中，我提到此事，當時擔任保險設計師的高恩熙（고은희，六十一歲）表示自己也經常有這種想法。

「因爲沒有生育和養育孩子的經驗，所以我有時會擔心自己是不是因爲過得太輕鬆而不知道人生的眞諦。我覺得可能要把自己融入到某些事情中，感受人生的苦澀，這樣才能透過反思領悟到些什麼；但我一直過著只專注於自己的生活，也許錯過了那些體驗。」

金智賢也形容了類似的情感，她說：「如果用遊戲來比喻的話，感覺就像在第一關裡一直拿滿分。」

「覺得自己進不了第二關，就好像永遠在第一關不斷累積分數。結婚、生育就像人生的階段關卡。無論是遊戲關卡還是人生的階段，都要經歷一個結束後再進入下一個環節。有時我會問沒生養過孩子的自己，是否有隨著年齡增長而逐漸成熟？」

吳熙珍在四十歲出頭苦惱過懷孕問題，最終她放棄了，當時她是頭一次覺得：「原來沒有孩子會是我人生最大的空缺啊。」

「當有人問我是否能爲一個生命負責，放棄至今的生活方式，爲孩子犧牲幾年的時間，我覺得自己做不到那種程度，所以就放棄了。然而現在的人眞的不一樣了，她們會冷凍保存卵子，那些二字頭末、三字頭初的人，即便沒有結婚，因爲想到可能未來某天會想要孩子，所以就凍卵了。我覺得現在的情況與以前大不相同，選擇變多了。」

然而姜美羅斬釘截鐵地表示，那些認爲唯有生養孩子才能了解人生最深層價值的論調很可笑。

「在養育多孩的中老年人中，有多少人是愚昧又令人心寒的，這種老套的話是哪來的？如果唯有養育、照顧別人、爲他人犧牲才能知道人生的深度與重要價值的話，那麼這部分我已經做了。我贍養年老生病的家人，還養了貓。而且人一定要知道人生的深度嗎？這個世界覺得我看起來不懂事又怎樣呢？活著只要有足夠的常識，不被抓起來關就好了。」

談論到「最深刻的經歷」，南智媛也對此反問道：「每個人都有自己的人生，我們能比較怎樣的經歷比較深刻、比較有價值嗎？」

「有位朋友經歷了一些困難，於是朋友們一起去了一趟旅行。除了我以外其他人都已結婚生子，我們聊了整夜各自的人生故事並抱在一起流淚，一位朋友對我說：『妳眞好，只經歷了八分之一。』意思是和要照顧雙方父母、丈夫、兩個孩子的她相比，我的人生只有八分之一。我認爲在照顧那麼多人的同時，還要挺過人生各種難關是非常困難的事，實在值得尊敬。相反地，我能把八分之一活成百分之百，我的人生也有屬於自己的價值，這無法拿來比較優劣。」

因沒生育而感到缺憾的人，以及無感的人都各有自身的理由與情況。前輩對於我缺少「最深、最有價值的經歷」表示哀悼，引發了我內心奇妙的波動，過了很久之後我終於能擺脫她的這股哀痛，因爲我從生活中切身感受到了，生活的價值與深刻的經歷不只有一種而已。

就像世間的好故事不只一種，世上唯一「最深刻、最有價值的經歷」也不存在。即使某些人相信某個特定經驗最有意義，他們也知道並非所有人都能體驗到相同程度與深度。就像歌手李素羅（이소라）在歌曲中所唱到的「關於回憶，寫下的都不同」一樣，即使有相同的經歷，對於感受、記憶與領悟，每個人「寫下的都不同」。

此外，韓國社會不僅不把單親媽媽視爲了解「生命最深層價值」的完整成人，還對單親媽媽充滿非議與輕視。由此可見，把生命價值和生育聯繫在一起的觀點，不過只是傳統家庭意識型態的虛僞產物罷了。

我的婚姻生活並不短，期間我和前配偶的情況複雜，沒有生育。要是人生的偶然與緣分以不一樣的方式運作，也許我也會生孩子，如果那樣的話，我想也會是像我目前人生一樣的美好生活。

誰能完全不去想那些自己沒走過的路呢？當我看到妹妹的女兒對妹妹說：「我每天每天都愛媽媽。」並對妹妹絕對信任時，我偶爾也會羨慕她。相反地，我不受家庭捆綁，想走就走、想做什麼就做什麼，妹妹偶爾也會憧憬我這樣的自由。無論是誰，如果在某方面得到了滿足，那麼在另一個方面往往會有所缺失。只有承認自己人生的局限，才能真正對自己生命中獨特的擁有而感到滿足。

●低出生率社會中的不婚女性

有時我感覺社會對不生育的女性不僅只有批評，甚至還產生了憤怒的情緒。我曾懷疑是韓國社會破紀錄的低出生率現象引發了這種怒火，但事實並非如此。

英國倫敦政治經濟大學（The London School of Economics and Political Science，

LSE）的行爲經濟學家保羅・多倫（Paul Dolan）在二〇一九年發表了不婚不生女性比已婚女性更幸福的縱向研究結果。兩年後的二〇二一年，他在接受《衛報》（*The Guardian*）採訪時表示，人們的反應讓他很驚訝。

> 研究發表後我收到許多不婚女性寄來的感謝信，因爲人們看到研究後才開始相信不婚女性很幸福的說法。然而更有趣的是那些不相信研究結果的人所做出的反應。他們覺得：「選擇不結婚與生育是相當侮辱性的事情，嘗試過（結婚生育）後發現做不到也沒關係，至少應該嘗試一下。」在如此對立的敘述中，未婚女性的內心必然會產生很大的矛盾，因爲她們的經歷（沒有生育的經歷）與大多數人所認爲的正確生活方式不同。[8]

有些人之所以對不生育女性發火並指責她們很自私，也許是因爲感到自己認爲的正確世界觀受到了侵害吧？某些人相信人們的生活與這個世界就應該要如此，當別人不跟從這種信念並予以拒絕時，他們就會感到憤慨，彷彿自己受侮辱一般。不生育的女性不僅不悲慘孤獨，反而還主張自己很幸福，甚至還以部長級的高級公務員候選人身分來參加人事聽證會，對此他們覺得忍無可忍。然而與此同時，指責選擇不婚就生育的女性是「未婚媽媽」的社會氛圍卻是依舊。

二〇二二年，韓國的總生育率（女性一生生育的子女平均數）爲〇・七八人，爲全球最低。雖然應該要一起找出並解決導致這種情況的社會問題，但我們卻經常聽到因此指責不婚不生女性的聲音。在二〇二一年總統選舉的過程中，某位候選人對低生育率原因的言論引起爭議，他表示：「女權主義在政治上被惡意利用，阻礙男女間健全的交往。」[9]

生育需要男女共同參與，爲何只指責女性呢？就算我們姑且不論這個問題，想在不婚不生獨居女性人口的增加上找低生育率的主因，這就已經是錯誤的診斷了。舉例來說，法國的單人戶比例爲三七・八％，瑞典爲四五・四％（以二〇二〇年爲準），數字遠高於韓國[10]，然而同時期總生育率法國爲一・八人，瑞典爲一・六六人[11]，數字也是遠高於韓國。因此，我們不能說低生育率現象的加速是獨居人口增加造成的。

韓國創紀錄低生育現象的結構性原因，不在於不生育的女性們的自私與女權主義，而在於根深柢固的性別歧視與父權文化。

美國全國經濟研究所（National Bureau of Economic Research，NBER）在二〇二三年四月發表了〈生育率經濟學的新時代〉（The Economics of Fertility: A New Era）報告，其中的分析顯示「營造女性能兼顧工作與養育的社會氛圍」，是提高生育率的關鍵。[12]

美國全國經濟研究所指出，生育率高的已開發國家特點是，男性積極參與家務與育兒勞動、社會氛圍對職場媽媽友好、政府的家庭政策積極、勞動市場的靈活性、結束育兒後男女就業門檻較低等。

其中男性積極參與家務與育兒勞動是關鍵。該報告指出，美國雖然沒有政府提供的帶薪產假，但二〇二〇年美國的總生育率（一．六四人）高於經濟合作暨發展組織（Organisation for Economic Cooperation and Development，OECD）國家的平均水準（一．五九人），這要歸功於美國男性對家務與育兒勞動的參與率較高。

二〇二二年六月，還有一項研究發表了丈夫的家務與育兒勞動分擔比例和總生育率間呈高度相關的結果[13]。該研究結果顯示，在所有總生育率不到

一．五人的國家中，男性的家務與育兒勞動時間還不到家中全部家務與育兒勞動時間的三分之一。

韓國的情況如何呢？據統計廳五年一次的〈生活時間調查〉（생활시간조사）顯示，二〇一九年，雙薪家庭中男性每天平均的家務勞動時間爲五十四分鐘，女性每天的家務勞動時間爲三小時七分鐘，女性在家務勞動所花的時間是男性的三．五倍；在只有男性一人賺錢的家庭中，這個差距會擴大至六．四倍；有趣的是，女性一人賺錢的家庭，就算一個家只有女性在賺錢，男性的家務勞動時間爲一小時五十九分鐘，女性爲兩小時三十六分鐘，女性花在家務上的時間依舊是男性的一．三倍。無論從事經濟活動的人是誰，依舊幾乎是女性全權負責家務。韓國女性的大學畢業率爲七六％，教育程度已是ＯＥＣＤ國家中的最高水準，但性別不平等結構依舊，「即使韓國的女性爲全球最高受教育程度，依然被迫全權負責家務與育兒工作，被強加接受『身爲女性，就必須接受辛苦生活』的觀念」。[14] 而這也是韓國每年刷新最低總生育率紀錄的原因之一。

如果不婚女性眞的想生孩子，就會出現在社會制度上被阻止的荒唐情況。

二〇二二年十一月，《韓國日報》（한국일보）刊登了一則採訪，內容是一群女性與拒絕人工授精手術的大韓婦產科學會吵起來的事件[15]。她們都是三十多歲的不婚女性，幾年來多次各自前往醫院接受人工授精手術，但皆失敗告終，因爲所有醫生都認爲，爲沒有婚姻關係的人執行人工授精手術是非法的。但在韓國，並不是法律在阻礙沒有婚姻關係的女性接受人工授精手術，而是大韓婦產科學會的指導方針。某些身爲律師的女性甚至整理了資料向醫生說明，告訴他們對未婚者實施人工授精手術並沒有違法，即使如此她們依舊徒勞無功。

二〇二〇年，藝人小百合的不婚生育案例‡傳得廣爲人知，不婚生育權隨之成爲社會關注的焦點，但在此後依舊沒有什麼變化。國家人權委員會於二〇二二年七月勸告大韓婦產科學會修改方針，讓不婚女性也能接受人工授精手術，但學會方面以應先達成社會共識爲由，堅持既有的立場。不知從何時開

‡編按：於韓國活動的日本女藝人藤田小百合透過日本的精子銀行捐精生下兒子，自願選擇成爲未婚媽媽，公開後引起了廣大討論。

始，「社會共識」一詞成爲了既得利益者的藉口，因爲他們不願承受改革所帶來的不便。這樣韓國社會眞的有資格悲嘆低生育率的現象嗎？

積極參與社會活動的不婚女性

不婚不生女性只是沒有自己的孩子而已，並不是對社會漠不關心、只在乎自己的自私存在，通常她們反而更積極參與社會事務。

有研究顯示，比較參與志工團體等自發性組織的情況，男性中已婚者參與度較高，然而不婚者的情況則相反；而女性不婚者的社會參與度高，已婚者的參與度則較低[16]。也就是說，在韓國社會中，沒組建家庭的男性不僅在主觀的生活品質方面會下降，在與群體連結的程度方面也會降低。這表示女性的犧牲與支持對男性來說非常重要，家庭這種首要社會關係作爲「關係資源」對男性而言起了更重要的作用。相反地，女性扮演妻子與母親角色的壓力，往往會成爲社會參與的阻礙。[17]

不婚女性對社會感興趣並貢獻更多，這種傾向在美國也一樣。二〇一一年，美國當代家庭委員會（Councilon Contemporary Families）的調查顯示，六八%的已婚女性認爲自己對父母有經濟上的幫助（已婚男性爲三八%），而八四%的不婚女性認爲自己對父母有經濟上的幫助（不婚男性爲六八%）。不婚女性比已婚女性更頻繁地與兄弟姊妹、侄兒們交流。已婚女性主要在與兒女有關時進行志願服務活動；但不婚女性每五人中就有一人參與志願服務活動、參與教育或照顧其他孩子的活動，或分發食物給經濟困難鄰居等。不婚女性拜訪鄰居、參加請願或集會的頻率也高於已婚女性。[18]

我遇到的 Aging Solo 們也在尋找對社會貢獻的方法並付諸實踐。李珠元說：「雖然我沒有自己生兒育女，但我也想做些能力範圍內的社會貢獻，因此我透過國際救助團體和孩子們建立關係，並成爲志工一對一指導低收入戶兒童。爲了讓孩子們活在一個更美好的世界，我覺得我可以做點什麼。」

鄭世妍表示：「無論生不生孩子，每個人作爲一位負責的社會成員，都有各自有所貢獻的部分，聚集人們的貢獻組成社會，即便沒有生育，我所扮演的角色也不會完全消失。」

「有些人生很多孩子，有些人不生，但各自都有自身的課題，一百個人就有一百種原因。單純因沒生育就指責他們自私，或者指責他們免費享用社會福利，這種說法實在不像話。希望我最終能爲社會做出貢獻，我會期望公共的育兒與教育體系能更堅實，並好好納稅。身爲社會的一員，我認爲免費供餐或免費教育，是共同養育孩子的方式。與其責怪選擇不生育的女性自私，不如去指責社會結構讓富裕家庭的孩子得到更好的教育、繼承資產，而貧困家庭的孩子卻缺乏教育機會，且無法擺脫底層社會。」

某些學者把傳統家庭單位專注於對家庭成員的支持和關心，卻與家庭外部世界疏遠的現象稱爲「貪婪的婚姻」[19]。

在現實中家庭主義的貪欲屢見不鮮，有些人只爲自家人著想，不擇手段爲兒女打造好看的學歷與工作機會，父母帶頭鋪出一條好走的路並在後面撐腰。相較於選擇不生育，這種家庭主義才是更危害社會的自私行爲。

4. Aging Solo 比較孤獨嗎？

單人戶成員最討厭聽到別人怎麼說？

據KB金融經營研究所出版的〈二〇二〇年韓國單人戶報告〉顯示，答案是「看起來很孤獨」。研究團隊說明：「最討厭聽到的話可以解釋爲最害怕、最想避免的狀態，而孤獨是單人戶所經歷的最大心理困擾。」

是嗎？我歪頭想了一下。因爲這和我自己身爲單人戶的感受不一樣，也和我訪問 Aging Solo 時所聽到的故事不一樣。不出我所料，在同項調查中，根據各年齡層的回答，單人戶中把「孤獨」視爲目前首要擔憂的主要是三十多歲男性（第一名）、二十多歲男性（第二名）、四十多歲男性（第二名）、五十多歲男性（第三名）、三十多歲女性（第三名），幾乎都是男性，而且有越年輕越感到孤獨的傾向。四十到五十多歲的 Aging Solo 女性把「孤獨」排在第四，排名相對較低。[20]

「年輕時一個人生活當然好，上了年紀後就會孤獨了。」「一個人生活的話生病時會很難過。」這兩句話被貼在「獨活」的大門上，是古老且不祥的兩大警告。把這個警告倒過來看就是：人們害怕孤獨，擔心生病時的照顧問題，因此才組建家庭。許多人沒想到這兩個問題能夠在家庭以外解決，只因爲「獨活」的人沒建立家庭，就把「獨活」貼上了孤獨與痛苦的標籤。

這兩種警告的聲音我也常聽到，經常讓我心裡亂糟糟的，但當我獨自上了年紀，實際的生活卻和他們形容的不一樣。獨自生活與孤獨並非同義詞，正如前述調查所顯示的，對 Aging Solo 女性而言孤獨並不是很大的煩惱。

我所認識的 Aging Solo 中，沒有人認爲孤獨是個嚴重問題。這並非因爲她們並未感到孤獨。有的人表示：「獨自一人時是最接近自我的時候，所以很歡迎孤獨。」也有人表示：「孤獨是每個人都要面對的基本狀態。」或是也有人說：「我的人際關係讓我不至於從孤獨變成孤立，因爲有人際關係可以依靠所以沒問題。」各種回答的範圍十分廣泛。

孤獨感和對話交流的人數無關，而是和與人相互理解的程度有關。

對我而言，比起所有人都會經歷暫時性孤獨，孤獨感湧上心頭並非是在獨自生活的時候，而是和無法對話、交流感情的人在一起的時候。這種時刻無論是配偶還是戀人，當最愛的人逐漸變成最不理解自己的人，而自己被困在這段只剩殘骸的關係中時，孤獨感最爲深刻。

在藝術相關機構工作的金佳英（김가영，五十七歲）也說：「相較於現在的一人生活，離婚前感到孤獨的時刻還更多。」

「在我不幸的婚姻生活期間，親近的朋友都忙著結婚養育孩子而沒辦法見面，當時我因無法和任何人分享痛苦而感到非常孤獨。然而，現在無論我想一個人待著或想建立關係，都可以自己決定。即使偶爾還是會感到孤獨，但最棒的是我不用再和討厭的人相處了。當然還是有人會覺得孤獨是個問題，但有些人似乎是受固有觀念影響。雖然我不是超級快樂，只是處於一個人的情緒狀態下而已，但因爲很多人都會在獨自生活的情緒狀態上貼上孤獨的標籤，以爲這就是孤獨。」

享受獨自一人的心境

談論孤獨的過程中，我覺得根據不同人以及所處情況的不同，對孤獨的定義與感受程度也不同。和金佳英對談時，我主要想到的是與他人「講不通」的經歷，和吳熙珍聊天則讓我想到「美好的孤獨」。

「一個人生活當然會有感到孤獨的時候。寒冬深夜獨自開燈進家門時，會希望有人能來迎接我，或是覺得要是有偶爾能閒聊的同居人就好了。然而這些都是能夠忍受的孤獨，這些我所能承受的孤獨對我來說是最大的財富，也是珍貴的朋友。多虧了孤獨，我才能專注於我的生活上，讀更多、寫更多、成長更多。」

正如她所說的，獨自生活的最大優點是能掌握屬於自己的時間和空間。不論是自己睡覺或發呆都好，還有讀書、散步、養動植物等各種方法能慰藉、激勵、釋放並充實自我。

當聚會與會議安排太緊湊，感覺沒有喘息的時間時，我的獨處祕訣是告知對方「我有約了」，並請求對方諒解，不去參加聚會或調整約定的時間，而所謂的約會就是我和自己的約會。即便無法避開社交，我每天也至少要有兩到三個小時、每周至少要有一天屬於自己的時間，否則會無法應付日常的壓力，這就是我充電的方式。

然而我之所以可以如此，也是因爲我所建立的社會聯繫並不脆弱。因爲正如作家卡羅琳・納普（Caroline Knapp）在《快樂隱士》（*The Merry Recluse：A Life in Essays*）書中寫的那樣：「在與他人建立關係的背景下享受孤獨時，往往才是最滿意、最有益的。」

關於保持關係的同時又喜歡獨自一人的心情，南智媛是這樣表達的。

「我與這個世界保持著必要的聯繫，同時也保持著適當的距離，而這獨立的程度不至於讓我感到疏離。」

若無法好好處理孤獨感，稍有不慎，孤獨感就會變質爲憂鬱或孤立感。關於偶爾襲來的孤獨感，南智媛說明了她處理孤獨的要領。

「設定屬於自己的指標。如果最近感覺心情有點低落，就用設定的指標來檢查自己的日常生活。例如，『我幾天沒洗碗了？』這就是指標與信號。若感知到這種信號就會想：『啊，這種感覺來了，我是不是有點低落了？最近生活過得怎樣？』這樣輕鬆回顧一下。重要的是不要想著抓著它、解決它。對我而言，像孤獨這類的感受並不是因爲『獨自一人』才有的感受，而是因爲我活著、是因我而生的（不是因爲別人而產生），我不認爲這是必須解決的課題。因爲這不是一項作業，所以也不是必須去解決它。」

人們主要會斷定孤獨的對象是獨居的老人。在調查獨居老人有多孤獨時，研究人員通常會選擇去比較獨居者和同居者的孤獨程度。

然而，美國社會心理學家貝拉·德保羅（Bella DePaulo）指出，這種調查方式沒有考慮到人的特性不同，單純的比較是有問題的。例如，獨自生活的老人比有同居者的老人更容易在經濟方面不穩定。在某項大規模研究中，在統計上控制經濟差異的因素後再進行調查，結果發現獨居老人感受到的孤獨感較少。[21]

根據日本社會學家上野千鶴子在《在熟悉的家中向世界道別》（在宅ひとり死のススメ）書裡的調查結果顯示，她認為大眾對獨居老人孤獨的認知似乎有些誇張。

書中的研究將高齡者分為有兒女的人、沒有兒女的人、兒女住很近的人、兒女住比較遠的人，然後進行對生活滿意度、煩惱、孤獨、不安的調查，研究結果顯示沒有兒女獨自生活的老人對生活的滿意度最高，感到孤獨與不安的程度也更低。

上野千鶴子表示：「孤獨大多是暫時的感受，過一段時間就會習慣。雖然剛單身沒多久的人會感到孤獨，但打從一開始就獨自生活的話，就不會感到孤獨。而最孤獨的人是，與心靈不相通的家人一起生活的老年人。」

● 社會需要應對的孤立問題

雖然我說對 Aging Solo 而言孤獨並非大問題，但我並不否認這社會存在著因孤立與斷絕關係而感到孤獨的人。當獨自生活的人面臨貧困與孤立情況時，他們所經歷的困難是社會需要共同解決的問題。

孤立造成的孤獨負面影響不僅限於心理層面。二〇一〇年有研究結果顯示，孤獨對身體的危害相當於每天抽十五根菸，這項結果實在很令人震驚。[22]

英國政治經濟學家諾瑞娜・赫茲（Noreena Hertz）是《孤獨世紀：衝擊全球商業模式，危及生活、工作與健康的疏離浪潮》（*The Lonely Century: Coming Together in a World that's Pulling Apart*）一書的作者，她對孤獨的定義並不只局限於失去感情、伴侶、親密感的感受，她把孤獨定義爲：「感覺與我們應該感到親密的人有隔閡，不僅感覺在社會與家庭背景中得不到支持，還在政治與經濟上被排除在外。」

據她的說法，美國千禧世代中每五人中就有一人以上是完全沒有朋友的，而英國十八到三十四歲的年齡層中，每五人中就有三人經常或時不時感到孤獨，十到十五歲的兒童和青少年中則幾乎一半是如此。從二〇〇三年到二〇〇五年，覺得在學校感到孤獨的十五歲人口比例，幾乎在所有OECD國家都有所增加。諾瑞娜・赫茲解釋道，智慧型手機與社群媒體削弱了我們的共鳴溝通能力，這是造就這種現象的主要因素。她研判，如果社會上的孤立感與孤獨、受拋棄的感受加深，覺得自己在世上無處容身的人增加，這種情況將成爲極右民粹主義發展的土壤。

孤立與隔絕導致的孤獨不是個人問題，而是政府與地方社會要一起負責解決的課題，這項認知也有擴散的趨勢。

英國於二〇一八年一月新設了專門負責解決社會孤獨問題的「孤獨大臣」（Minister of Loneliness）職位。二〇一六年，工黨議員喬．柯克斯（Jo Cox）因恐怖襲擊而喪命，英國設立世界上第一個「孤獨大臣」職位便是受到她的影響。柯克斯把社會邊緣階層的社會孤獨問題當作她畢生的課題，在她去世後，英國政府以跨黨派的方式成立了「柯克斯孤獨委員會」（Jo Cox Commission on Loneliness），與十三個公民團體共同調查英國社會的孤獨與社會孤立問題。二〇一七年末發表了〈喬．柯克斯孤獨問題對策委員會報告〉，講述生命周期伴隨的社會孤獨，而後也促成了「孤獨大臣」一職的設立。[23]

而日本也於二〇二一年二月在內閣官房設立了「孤獨與孤立事務大臣」，成爲世界上第二個設立孤獨專責部長的國家。同年六月，英國與日本的孤獨專責部長進行了線上會談，並一致表示：「新型冠狀病毒（COVID－19）大流行使孤獨問題更加嚴重。與家人、朋友、鄰居等建立『關係』是克服孤獨的第一步，兩國都將透過政策強力支持這部分。」[24]

關於消除社會孤獨，這些政府的努力產生了什麼影響、取得了什麼成果，目前尚未有明確的成效。就英國而言，新設官職後的兩年內孤獨大臣就換了三次，這個職位不但是兼任的，而且預算也微不足道，因此並沒有取得顯著成果[25]。不過對於社會孤立與孤獨成為政府的政策議題這點，仍是具重要意義的。

找出解決社會孤獨、孤立、疏遠問題，以及建立關係的方法是非常重要且必要的事。單人戶人口增加為社會帶來怎樣的變化也是必須關注與應對的事，然而將這兩種現象混淆，並認為單身人口增加是社會孤立問題的主要原因，這種想法不僅判斷有誤，也無法以資料佐證[26]。不管問題為何，不正確的診斷與過度簡單化的敘事，對解決問題都不會有幫助。

5. 獨自生病時怎麼辦呢？

大家都說若獨自生活，生病時會很難過。雖然相信可能是如此，但我還沒有強烈的感受，該慶幸我獨自生活時沒有經歷過那種病到「再這樣下去我要死了」的情況。有幾次我因急性腰痛和急性腸炎而動彈不得，雖然不是不會痛苦、鬱悶，但那些情緒都是暫時的，都還能勉強應對。兩次進急診室和住院與手術時，也都還可以自行前往醫院或有妹妹陪伴。

也許是我還年輕，所以目前爲止還沒遇到問題。但事實上，想到上了年紀自己一個人生病的痛苦情況，我也會感到心煩與不安。爲了降低這種可能性，我已經努力運動一段時間了，但未來不一定會如我所願。

在單人戶相關的調查中，問到單人戶生活的難處時，被選爲第一名的幾乎一直都是生病時獨自一人的恐懼。在二〇二二年首爾市的〈單人戶現況調查〉中，八六％左右的單人戶對獨自生活感到滿意，但關於困擾與困難，最多的答案是「身體不舒服或危急時很難應對」（三五．九％）。[27]

關於生病時只有自己一個人，我遇到的 Aging Solo 們也有不少擔憂，而她們各自針對自身情況準備好了對策。

朴仁珠直到三十多歲爲止都一直獨自生活，三十歲後她因爲急性腸炎開始和朋友同住。她曾在沒力氣去買電解水，脫水狀況很嚴重時，感到非常辛苦和孤單，迫切希望此時有人在身旁。自從和朋友一起生活後，她感受到了猶如救命恩人降臨般的幫助。

「某天凌晨，經歷了醒來雖有意識，身體卻無法動彈的狀況。我完全起不來，當時我以爲那是我人生的終點。同住的朋友發現我上班時間沒起床，所以就開門進來。聽到開門聲的那一刻，我感覺自己終於得救了。如果當時沒有同住的朋友，不知道會發生什麼事。不管結不結婚，我想都要有一起分享日常生活的人，才能降低不組成家庭獨自生活的恐懼感。」

從二〇一二年開始獨自生活的鄭秀京，三年前因工作而承受極大壓力。當時在深夜裡還有過幾次呼吸不穩定的經驗。

「我想著，如果這樣下去心臟停止跳動怎麼辦，內心開始感到害怕。當時我拜託了一位聚會上認識的小我兩歲的不婚女性，請她陪我過夜一天就好，雖然我們可能有些疏遠，不算是朋友。即使我們不是很親密的朋友，她還是答應了。可能是因爲處境相似，才會有想幫忙分擔痛苦的想法。」

她也和幾位親近的不婚女性創建了分享投資相關資訊的聊天群組，在那個群組裡約定好，要是有人超過二十四小時沒讀訊息就要打電話確認，如果無法接通就去報失蹤。雖然到目前爲止都沒有人超過二十四小時訊息不讀的紀錄，但有這樣的約定讓人感到稍微安心。

「雖然一個人生活很自在，但每次生病時我都會擔心出問題。如果自己睡覺時恐慌症發作怎麼辦？在廁所踩空跌倒導致腦震盪，這樣也可能沒辦法叫救護車而死掉啊。」

● 監護人為何一定要是家人？

叫了救護車終於去到了醫院，接下來困擾單身者的是監護人的問題。金佳英在幾年前凌晨突然生病，叫了救護車獨自前往急診室，醫院說需要監護人同意，於是她在凌晨用自己的社群帳號告知大家這個情況。早上妹妹看到發文前來簽了監護人同意書，之後朋友們也紛紛趕來。

「我就是患者本人，我同意進行醫療處置，也表示我能付得出住院費並不會賴帳，但院方卻非得徵得監護人的同意。當時我真的很生氣，心想，隨便讓某個人看到來找我就好了，於是就發在社群帳號上。因爲我怕直接聯絡特定的人會很尷尬，好像在給別人添麻煩。」

我所認識的 Aging Solo 們談論了自己生病時的問題，其中最令人憤慨的是，幾乎總是得依醫院慣例行事，要求監護人必須是家人。就算經濟獨立且能自行判斷情況，但由於醫院的這種慣例，她們時常覺得自己就像無助的人，或是會因獨自生活沒有監護人這點而感到無謂的失落。

每次同住朋友住院時，朴仁珠都會一起去聽醫療處置的說明，擔任監護人的角色，但應院方的要求，朋友的母親還是得來簽署監護人同意書。

「院方表示一定要讓家人簽。我就想到，我家的人全都住在釜山，那我生病了誰要從釜山趕來呢？我覺得誰都來不了，那麼我就不能生病，應該好好運動，好好保養。」

高恩熙也說，她曾經以監護人身分陪伴和原生家庭斷絕關係的不婚朋友去醫院，然後就發生了爭執。

「朋友沒辦法叫好久不見的原生家庭成員過來，迫於無奈，醫院才認定我爲形式上的監護人。當我骨折住院時，我也是告訴同事，而不是跟家人說。在緊急時刻，相較於有血緣關係的家人，現在在我身邊的人、我所依靠的人更爲重要，我認爲只承認家人爲監護人是不合理的。」

醫院理所當然地要求法定家屬作爲保護人，看似有法律依據，但事實並非如此。醫療法中並沒有對醫院慣用的手術同意書或住院同意書做出詳細的規定，在緊急狀況下，法定代理人或監護人也並非永遠都是必要的。

入院時要提供連帶保證人的醫院慣例也不具法律效力。韓國保健福祉部根據二〇一八年國民權益委員會的改善建議，下達命令修正必須提供連帶保證人的慣例。雖然一些大型醫院已經不見此慣例，但依然有許多民間醫院會要求提供連帶保證人。

關於手術時必須取得監護人同意書的慣例，韓國保健福祉部早在二〇〇七年就發送公文給大韓醫院協會警告道，若因無監護人手術同意書而延遲或拒絕爲患者手術，此舉相當於醫療法中的拒絕診療行爲，可能受處罰或行政處分。

然而，找直系親屬監護人並要求簽署同意書的慣例依舊，因爲院方擔心發生醫療事故或在申請手術費時會產生糾紛。社會健康研究所二〇一九年發表的研究報告〈醫療場域中的監護人概念是否包括多元家庭？〉（의료현장에서의 보호자 개념은 다양한 가족을 포함하고 있는가？）中指出：「醫院過度仰賴監護人的行爲是出於風險管理層面，這種思維不是以患者爲中心，而是以醫療

場域的便利性爲主要考量。」

由於這項慣例，單人戶、同性情侶等所謂「傳統家庭」框架外的人可能會經歷痛苦，因爲實際共同生活的人無法成爲實際的監護人。該報告指出，這項慣例所代表的現實狀況「不僅是單純得不到醫療服務而已，還意味著自己的存在條件在社會上被系統性忽視且不被認可」。[28]

●「互相照顧」的良性循環

即使改變陳舊慣例，照顧的問題依舊存在。誰來照顧久病的單身者？雖然護理看護綜合病房呈增加趨勢，但在病況嚴重時反而很難進入綜合病房，出院後需在家療養治療的情況也很常見。總有一天會面臨需要別人照顧的情況。

漫畫家 Daduregi 有一部漫畫叫《一個人住院》（혼자 입원했습니다），副標題是「讓人笑到人仰馬翻的不婚女性手術日記」，其中有段內容描述幾位不婚的女性好友輪流當彼此的監護人。李珠元看到這裡就先擔心了起來，心想：「我沒有這種朋友耶，那我要怎麼辦？」

「我一直擔心會發生這種情況，雖然我沒有很親的朋友，但要是有的話我也不想拜託別人。生病時和親近的人產生感情糾葛的話會更辛苦。如果病況持續久了，拜託朋友也只能拜託個一兩次，很難一直麻煩別人。」

看到首爾市推出「單人戶醫院同行安心服務」，她期待能一直維持這種制度，這樣她就不用擔心自己一個人生病的狀況了。此外，她也希望有天能有「照顧的互助小組」。

「需要照顧的人可以加入互助小組，只要有時間就去照顧別人積累積分，當自己需要時，再用積分請別人來照顧自己。雖然彼此不太熟悉，但比起依靠家人或朋友，這種作法好像讓人心裡更舒坦。現在的我們靠家庭解決所有問題，照顧、情緒支持、經濟等，我希望能按功能分類，讓照顧在互助的小組中解決，情感上的親密感則可以在其他小組中解決。因此，我希望依賴和接受幫忙就不再是讓人感到自卑或覺得抱歉的事，而是任何人都會做的事。」

聽到李珠元的想法，讓我想起社會心理學家貝拉．德保羅在《我們生活的方式》（*How We Live Now*）書中所介紹到露西．惠沃斯（Lucy Whitworth）的案例。

露西是一位不婚女性，她因爲乳癌的關係需要接受手術與抗癌治療，但露西的原生家庭成員都住比較遠。這個消息傳開後，有四十九位朋友聚在一起幫她。這個朋友群被人叫做「露西的天使們」（Lucy's Angels），由於他們一起分攤照顧責任，沒有任何一人感到照護的壓力，對於提出需求，露西也毫無負擔。

露西的朋友到底有多少，怎麼能聚集四十九人來照顧露西一年多呢？帶著好奇心與羨慕的心，我搜尋了「露西的天使們」，並找到相關的報導[29]。

露西表示：「建立照顧的群組不需要有很多至親好友。」這個群組可以由同事、鄰居、兄弟姊妹、同好等任何人組成。一九九五年，曾出版了《共同照顧》（*Share the Care*）這本書，作者希拉．沃諾克（Sheila Warnock）曾爲朋友蘇珊（Susan）建立過照護群組並將經驗寫成書，而「露西的天使們」則遵循了書中所介紹的方法。

從希拉後來成立的非營利團體「共同照顧」網站[30]，以及亞馬遜作家介紹頁上的影片來看[31]，他們的故事可謂是一段照顧的良性循環歷史，並不斷發展壯大。

希拉的朋友蘇珊是一位單親媽媽，在對抗反覆復發的乳癌時，她向周遭的人隱瞞了病情，因爲她不希望嚇到孩子們，而且也害怕自己會失去工作。然而，當她面臨嚴重的危機時，看不下去的心理諮商師強烈勸她要向朋友求助。隔天，在蘇珊通知朋友的二十四小時內就聚集了十二人，其中希拉認識的人只有兩位，他們聚集起一群互不認識的人。朋友、鄰居、顧客、其他媽媽等人，他們是蘇珊在不同領域認識的人，大家聚在一起了解蘇珊的情況，一起哭著討論要做什麼。

他們想出來的照顧方式是「輪班指揮」（Rotating Captain）系統。所有人都輪流擔任指揮官，指揮官要在當周觀察並詢問蘇珊需要什麼，透過電話聯絡的方式告知大家必要的事，並且以兩人一組的方式分攤工作。指揮官會把當周的工作日程表傳給蘇珊，說明當周是指定誰、什麼時候、做什麼事情、做幾小時。他們反覆做周工作表做了三年半的時間，直到蘇珊過世爲止。希拉在影片中解釋這種照顧方式，她說了以下的話，讓我瞬間哽咽。

「透過這樣的方式，我們消除掉蘇珊其中一樣最大的負擔，她完全不需要提出請求，因爲我們主動去找她了。」

這群朋友自稱「蘇珊有趣的家人」（Susan's Funny Family），他們在第一次見面時很陌生，卻在三年半後關係變得非常親近。蘇珊去世後，其他朋友向他們請求幫助，隨著類似經驗不斷積累，希拉甚至成立了非營利團體。

受過這種照顧的人，自己也會欣然伸出援手去照顧別人。露西在得到「露西的天使們」的照顧後，自己也以同樣的方式照顧了三名朋友。希拉的時代使用的是電話連絡方式，而露西則使用了名爲「無數幫助」（Lotsa Helping Hands）[32]的網路平臺，在網站上成立社群，邀請能共同幫忙照顧的人，上傳各自能提供的協助與日程並共享日曆。在美國，包括「無數幫助」在內，還有「照護橋梁」（Careing Bridge）[33]、「餐食列車」（Meal Train）[34]等共同照顧平臺。

● 消除過度恐懼的照顧關係

擺脫了照顧應由家人全權負責的傳統觀念，人們開始關注家庭外能互相照顧的關係網，因此類似的案例不斷出現。「露西的天使們」這種聚會並非只是美國的專利。

社會學家上野千鶴子在《一個人的臨終》（おひとりさまの最期）中介紹了自己參與「Team K」的經驗。「Team K」是在一位不婚女性朋友開始抗癌後，大家爲了一起照顧她而成立的聚會。最初只有六人，後來逐漸增加成由三十位女性組成的網絡。

「Team K」成員們固定在一周中的某一天，一起去找抗癌的朋友，會一起做以糙米、素食爲主的食物一起吃。另外，還協助朋友前往較遠的地區找專業醫生，並處理住院的全部過程。當她們得知即使付出一切努力也沒有康復的希望後，接受幫助的朋友邀請了「Team K」的成員們，舉行了一個小型派對。徹底地道別並對大家表達感謝之情後，她就轉到了安寧病房，在病房中去世。

韓國也有類似的案例。攝影師慧英（혜영）在女權主義者雜誌《Ilda》上

寫道，因罕見癌症動手術時，她的朋友們聚在一起，「開啓了『接力式照顧模式』，她們會照顧病患並照顧照顧者」[35]。接力照顧的方式與希拉和「Team K」沒有太大的不同，體驗過「不一樣的照顧」，慧英以首爾市恩平區生活醫療福利社會合作社爲中心，和在村裡遇到的女權主義者建立起了照顧關係網。

社會運動家趙韓眞熙（조한진희）也在《即使病了也不抱歉》（아파도 미안하지 않습니다）書中，向大眾介紹獨居女性「健康互助會」的計畫。健康互助會是一種互相幫助的社群，自己需要照顧時可以向社群請求幫助，然後在月休或周末時去照顧互助會的成員。參加者只因爲都是「單人戶女性」這個共同點而建立關係，把她們聚在一起的媒介不是錢，而是因爲她們都想嘗試給彼此「開放的照顧」。

在世界各地，存在於家庭之外的女性自發建立並計畫照顧關係網，彷彿她們有共同的指南一樣，各地的情況都很相似。由此可見，女性們已經養成了發達的生活感知能力，她們平等地建立關係，察覺彼此需要什麼，並爲此不惜一切辛苦地付出。雖然建立照顧關係網，一起照顧朋友的人們在必要時也要有專業看護的協助，但是照顧關係網能夠照顧的範圍是無窮無盡的，因為照顧並不局限於協助身體活動與衛生管理。傾聽患者的故事、一起做飯吃、一起出去散步，甚至是照料去住院的朋友所留下來的動植物等，都屬於照顧行為。

讀有關照顧關係網的故事時，我產生了一個想法，獨居生病的辛苦，是否已經成為過度誇張的恐懼，超越了實際情況了呢？

南智媛表示：「關於對獨自生活時生病的恐懼，我懷疑這就像電視劇中誇張且抽象的孤獨一樣。」

「我猜這也許是針對沒發生的事情故意製造恐懼症（Phobia）。如果在生病時打過電話給朋友就會覺得沒什麼，但如果沒有這種經驗，心中的恐懼就只會增加。我也有過一個人生病的時候，在我家這個物理空間裡只是沒人幫我倒水而已，我不會產生『全世界只剩我一個人』的想法。嫂嫂用快遞方式寄吃的給我，接著弟弟妹妹來了，朋友也來了。害怕獨自生病的情況，以及電影中出現不婚女性獨自死亡後寵物毀損屍體等的想像，這些也許是以伴侶為中心的社會譴責不婚生活的一種方式。這就像一種微妙的警惕，告誡我們『應該結婚』。」

朴眞英說：「獨自生活的人在生病時當然多數時候是一個人，這時就只能全力感受病痛。哪有時間感到孤單啊？」沒錯，盡全力後難以獨自忍受時，就應該請求協助，我們只要建立起網絡，讓病人不用反覆請別人幫助就可以了。

看到周遭的人興致高昂地建立照顧關係網，卻又因實際照顧而苦苦掙扎，我再次產生了懷疑。不論我們怎麼美化，照顧都讓人疲憊，照顧者的人生也會發生很大的變化，好幾個人分擔壓力眞的能有所改變嗎？而且想建立照顧關係網，應該只有「人際富翁」才能實現，但我性格剛強，不僅不會接納人還會排斥別人，不知道有沒有願意和我一起建立關係網的朋友……

雖然有擔憂，但別的不說，照顧問題絕非能獨自解決。上野千鶴子介紹「Team K」時斬釘截鐵地說：「對於無法依靠家人的單身者來說，他們一定要有替代家人的網絡。若沒有這樣的網絡也應該努力創造。」已經先嘗試過的人表示：「不一定要有很多至親好友，任何人都可以。」這些話隱隱寄託著希望。

正如趙韓眞熙所說，這些照顧關係網也許會成爲一顆小種子，讓社會長成另一個模樣，成爲「不以血緣關係或親密關係來畫分排他界線，而是任何人都能受到照顧的社會」。我很想看到這些種子散播各處的景象。

chapter
2

獨身不等於孤獨

家庭之外鬆散又安全的親密關係

1. 你最愛的那個人？

幾年前，我去找某位攝影師爲我拍攝遺照，這不是爲葬禮而拍的，而是這位攝影師正在進行一個定期展覽的「遺照計畫」。

我偶然在社群媒體上看到他的計畫，這個計畫的目的是要捕捉人們在生命最後一刻想留下的模樣，並將照片展出。看到上傳社群媒體的照片，我不禁感嘆人們的表情怎麼都如此深邃美麗。穿著樸素的平凡人，他們用豐富的表情與充滿愛意的眼神與看照片的人對視，彷彿在展現這段時間的美好人生。

「在生命的最後一刻，我想留下什麼模樣？」看著陌生人的美麗表情，他們用一張照片回答了這個問題，而我也想要一張這樣的照片。平時只要站到鏡頭前我的臉部肌肉就會僵硬，幾乎每張照片中的表情都悶悶不樂，如果是這項計畫，應該就能拍到我最好的表情吧。聽到這件事，我母親表示自己也需要一張遺照，於是她就跟著我來了。

拍攝場所明亮溫馨，有茂密的綠植。我邊聽著輕柔的音樂，邊閱讀拍攝方式的說明文字。我不太記得確切的內容了，是要我想像最後一次看到最愛的人，還是要我想像想展現給最愛的人看的最後一個模樣，我只記得要求是要我想一下「最愛的人」。也有可能指令是要我想想在人生最後一刻值得想起的人，而我卻把他理解爲「最愛的人」也說不定。

最愛的人？突然間我尷尬了起來。腦海中並沒有浮出任何人的面孔。若去掉「最」這個最高級，我還會想起幾張面孔。但他問的不是「愛」，而是「最愛」啊！最愛的一個人嗎？我的 Only One ？想想看，那是誰啊？但如此費心才想到的這個人怎麼會是 Only One 呢……

爲緩解因複雜思緒而逐漸僵硬的臉部肌肉，我誇張地發出「啊、欸、咿、喔、嗚」的聲音，心想：「Only One 是誰啊？你快浮現吧！是誰？」催促自己時我和眼前的母親對看了一下，「啊！對了。是媽媽啊！媽媽。她是我最珍惜、最關心的人，也是我獨一無二的存在，沒問題了。」

但坐在相機前用心擺好姿勢的那刻，我的眼淚奪眶而出。這居然是媽媽記憶中我的最後模樣。完全沒有其他想像的餘地，這個情況實在太令人傷心了。結果當天拍的照片充滿了淚水，但我表情微妙地嘴角帶著微笑。

● 被浪漫愛情壟斷的親密關係

我偶爾會想起當天的事，為什麼會對「最愛」這個詞感到驚慌失措呢？首先，很難選出符合「最」這個修飾詞的人。當我問其他 Aging Solo 若遇到和我相同的狀況她們會想起誰時，有不少人跟我一樣尷尬。鄭世姸思索良久後回答說：「我不是想起人，而是想起我所滿意的自己的模樣。」並補充道：「每個人都以不同方式愛人，所以要說『最愛』是很難的。」就是說啊，如果是選「一位自己愛的人」，那應該會比較容易一點。

不過再想一想，若不是單純的「愛」，而要是「最愛」的程度，我們會希望這個人能記住自己最好的面孔，可以說是人生中特別重要與親密的人，即使世上所有人都誤會我、迴避我，唯一的這個人還是會守護在我身邊，彌補我的不完整。若一一細數「最愛的那個人」的定義，大家幾乎都會自動想起浪漫的愛情關係，就像電影《征服情海》（*Jerry Maguire*）中的經典台詞「You complete me.」（你完整了我）一樣，那個人讓我成為最好的自己，成為一個無所缺憾、完整的人。不是因為別人，就是因為他，僅憑這個理由他就能夠彌補我的不足。我覺得只有達到這種程度才能說是「最愛的那個人」，這可能是讓不婚的我當天感到尷尬的另一個原因。

單身者是那些沒有建立以婚姻爲代表的親密關係的人。人們普遍認爲婚姻是浪漫的結合，但事實上，基於浪漫愛情的婚姻是十八世紀後才出現的，是一種歷史相對較短的發明。

實際上大家都知道浪漫與婚姻很難並存，然而現實中多數大眾媒體的內容仍充滿對浪漫愛情的幻想，僅因爲單身者處於從浪漫愛情步入婚姻的道路之外，就讓人感覺生活缺了些什麼。即使本人沒有任何想法，周遭的人也會說「總有一天會遇到好人」、「即便是草鞋也都是成雙的，你也馬上會找到……」。一直聽到同樣的話很容易讓人感到不安，擔心獨自生活的我是不是有什麼缺陷，或擔心是不是自己有問題。儘管有父母、兄弟姊妹、朋友，有能讓我感到充實的工作、有喜歡的愛好，但只要沒有「最愛的一個人」，沒有和這個人共組家庭，就讓人感覺人生中缺少了些什麼。

在我認識的 Aging Solo 中，也有人提到這些不足的部分。鄭秀京表示，對於想成爲某人的「第一名」，這份渴望並沒有消除，常見的問卷調查會問：

「遇到困難時有能馬上聯繫的人嗎？」每當她看到這樣的問題都會感到苦惱。

「如果兩人的關係不是彼此的『第一名』，那是不是就很難處理了？看看周遭那些不婚者的情況，那些沒有第一名關係的朋友，最終都會回歸原生家庭。」

她表示自己沒有在原生家庭中得到充分的愛，這可能造成了她目前的匱乏感。

「我出生在一個保守的慶尚道家庭裡，家裡只有哥哥是最優秀的，無論我做什麼都會被否定，在沒有父母的關注與資源下長大。由於這樣的影響，我從小就不太會表達自己，也很少會覺得自身的感受是正當的。有時我會覺得，原生家庭中的經歷會影響成年後的我，也許正因爲如此，我才不太擅長建立親密關係。」

關於「最愛的一個人」，姜美羅表示：「我不認爲只有家人與另一半才能占據這樣的地位。」然而她同時也表示：「當我意識到我沒有一個心靈相通的對象時，我曾經產生危機意識，甚至覺得自己沒有好好過生活。」

我問了她和我拍遺照前被問到的相同問題，她會想到誰，她馬上選了貓咪，但她表示自己並沒有放棄尋找心靈相通的朋友。她認爲心靈相通的人是「能進行良好對話的人，跟那個人交談後會覺得自我意識提高了」。

親密是有各種形式的

各種情歌、電影、電視劇都在頌揚「最愛的一個人」，這會讓人誤以爲人們所需的親密感程度、大小有絕對的標準，然而我認爲每人所需的親密程度、需求的強弱都是不同的。比方說，就我而言，追求完美合一與信念一致的愛情聽起來只是一種令人窒息的束縛。

有些 Aging Solo 本身對親密感就沒有特別的欲望，朴眞英表示：「我好像不太希望和別人那麼親密，如果少了『我是獨立個體，你也是獨立個體』的前提，那對我來說就很難建立關係並產生共鳴了。」

「對於『現在這一刻』要和誰分享情感的即時共鳴，我並沒有太大欲望，也不希望和我最心愛的人分享所有的喜怒哀樂。對於親密的人，我只希望能分享開心的事，所以我最親近的人是，見面時很愉快，因文化背景相似而聊得來的朋友。但開心事以外的負面情緒就不必分享了。我希望親密的人、我喜歡的人，和我在一起時能覺得那段時間很開心愉快，所以我會盡量不抱怨累人的事。甚至當我有煩惱時就會想：『這件事應該和專家一起解決，爲什麼要對親近的人抱怨呢？』」

當她經歷困難時也會反問自己：「比起私底下熟識的人，知道我現在有多累並能安慰我的人，反而會是在公司或社會上一起經歷這件事的同事，真的有必要找到一個不論公私領域經歷全都分享的人嗎？」

「即便有戀人或配偶，也不會向對方說明公司裡經歷的困難，尋求共鳴與安慰。不論是對最要好的朋友，還是非常親密的姊妹我都不會如此。當我們因某些事而感到辛苦，比方因上司的荒唐指示而生氣，或計畫進行得非常辛苦時，雖然同事平時私下不太親密，但共同經歷困難的他們會在當下變親密並產生共鳴，一起哀嘆命運。在公司一起經歷困難並互相安慰的同事，有很多會在辭職後便疏遠或失去聯繫。然而我並不認爲人生中某些情況下短暫擁有的親密感是膚淺的，與許多人擁有這種短暫的親密時刻，這不也是人生的一種方式嗎？」

每個人對親密感的需求都不一樣，南智媛表示：「親密感就好像食欲一樣。」也許存在著一定程度的最低需求量，但關於想要怎樣的親密感，會根據每個人個性與經驗的差異而有所不同，其模樣與總量也都不一樣。

「有些人對親密感的需求很大，如果結過婚或體驗過浪漫愛情的親密關係，他們可能會因此感受到想念與匱乏之等感受。然而我從來就沒有渴望過那種親密感，所以不懂那種生活。我所需要的親密感是透過原生家庭與朋友來滿足的。我不會對不曾經歷過的關係感到遺憾，所以我好像對浪漫的親密感沒什麼欲望。我的衣櫃裡有屬於我風格的衣服，對於那些我沒穿過的衣服，我完全不會去想：『早知道我年輕一歲時就穿迷你裙了。』」

在採訪 Aging Solo 的過程中，和身爲生物人類學家的首爾大學名譽教授朴順英（박순영）談話時，我們談到了親密感，她解釋道：「人類是社會性動物，爲了生存，親密關係[36]是必要的。」

「想像一下狩獵採集的社會吧。想生存下去的話我們和鄰居的關係應該如何？鄰居去打獵時必須要會邀我一起去，打回來的獵物也要能夠一起分享。這些都與未來生存緊密相關，所以親密感是生存必須的。不論對方是誰，這種親密感只要能感覺到就夠了，婚姻關係並不會壟斷親密感。婚姻與其說是浪漫的關係，不如說是把情感上的親密感與性愛、子女、經濟都連在一起，這種生活可以視爲商業夥伴的關係。就如同合夥關係一樣，要走到最後也不容易，因爲哺乳動物往往在年輕時相識，而三到四年後浪漫情感就會消失。覺得不婚就無法滿足對親密感的渴望，這種想法是種誤會，人與人間的關係是很多元的。」

不需要是「唯一」的情緒關係

大家之所以覺得親密關係大多局限於浪漫愛情，可能是因爲對浪漫愛情太過渴望，導致缺少對其他親密關係的例子與對策。然而，浪漫愛情與其說是人類的本性，不如說是文化的產物。浪漫愛情誕生於十八世紀文藝復興時期，詩人們把愛情浪漫化後再透過文學傳播開來。不過，唯有透過浪漫愛情，人才能夠完整的神話依然堅固，所以我們很容易忽視其他類型的愛也是很重要的。

後面的內容我們也會討論到關於友情的部分，相較於浪漫愛情，我認爲友情在生活中的占比被低估了。甚至在友情中也經常看到有追求所謂「最好的朋友」、「靈魂伴侶」等「唯一」的傾向，我推測這大概也是浪漫愛情神話造成的強烈影響。

Aging Solo 追求親密感的方式如同每個人的食欲，各不相同，有人和原生家庭關係密切，有人透過朋友、社團、自己組織的聚會等多種方式創造關係，藉此滿足親密感的需求。即使沒有「最愛的一個人」，也會與「所愛的人們」一起生活。單身者也渴望建立親密關係，只是不希望關係與婚姻制度捆綁在一起而已。

心理學家們的研究結果顯示，擁有不同的親密關係，比只有一個最愛的人，更能提高生活滿足度[37]。難過需要安慰時、想一起分享幸福時、需要平復焦慮時等情況，相較只在非常親近的少數關係中分享，擁有能分享不同情感的多元關係會更幸福。研究人員不稱處理特定情感的特定關係爲一般關係（Relationships），而是稱之爲情緒關係（Emotionships），並表示擁有多樣的情緒關係組合有助於提高生活品質。

我讀論文時，發現自己的情況就差不多是如此。當我需要別人的時候，比如當我心情低落，必須在面前放一杯酒找個人聽我抱怨時；想去哪裡走走需要有人同行時；想找人一起去看演唱會或表演時；發生了難爲情的事卻自己一人滿臉通紅，想向某人傾訴時，每個情況下我想到的人臉都不一樣。大家應該多少都是如此吧？擺脫對「唯一」的執著，沒有「最愛的一個人」的人生，也許會因「許多個情緒關係」而更加豐富。

韓國社會依然對「能完整我的人」有著強烈的渴望，也許這也側面證明了生活的飢渴感有多嚴重。在寫這段內容時，人們最常談論的電視劇是《我的出走日記》（나의 해방일지）。劇中的廉美貞（金智媛飾演）從未得到過父母的愛，還被男朋友利用，在職場也一直被欺負，突然對具先生（孫錫久飾演）說：「崇拜我吧。」她說，希望能得到一次被填滿的經歷，光靠愛是不夠的。「崇拜」這個詞出現時，看著美貞毅然決然地這樣說，我不由自主地嘆了口氣想：「哎呀，美貞啊……既然所有的關係都是種勞動，爲什麼偏偏選擇這位比所有勞動還辛苦幾十倍的陰沉酒鬼，是要怎麼辦啊？」

然而隨著劇情發展，美貞比具先生更徹底地做到「崇拜」對方。美貞並沒有要求具先生戒酒，也不介意他在夜店工作的過去，她接受了原本的具先生，既不評價也不評斷他。與此同時，她自己也在改變。她不再依賴別人的「崇拜」塡補自己，而是自己完整了自己，懂得無條件地給他人絕對的支持，懂得款待遇到的任何一個人。透過這樣的方式積累令人心動的瞬間，每天充實自己五分鐘，把自己從脆弱與匱乏中解放出來。

看著美貞開始覺得自己很可愛的笑容，我心想，這種改變自己的崇拜與款待，即使對方不是由魅力演員孫錫久所飾演的具先生，就算不是浪漫愛情關係，也不一定需要特定的一個人，都是可以實現的。因爲這不是屬於別人，而是「我」的解放。

2. 不婚者真的從家庭中獨立了嗎？

我很好奇當人們被問到「人生最後一刻想到最愛的那個人」是誰時，大家的答案會是什麼，有段時間我問了見到的每個人。雖然不是徹底的調查，不能把得到的結果當作普遍情況，但匯集了十多人的答案後我描繪出了大概的結果。

不婚者中最多人選擇母親，已婚女性則是選擇兒女。和朋友們的聊天群組中，已婚朋友中只有一人選擇了配偶，大家感嘆道：「哇！這個答案怎麼這麼新鮮啊？」沒錯，我們這些中年人對「最愛的人是配偶」這個答案感到吃驚。而已婚和不婚的人之中都有人選擇貓咪。本來還期待會有一兩人選擇朋友或戀人，但卻意外地完全沒人選。

在 Aging Solo 中，親密感需求較少的人給出了出乎意料的答案。南智媛一聽到提問就馬上回答道：「我應該不是想到某個人，而是想到某個時刻。我最愛的時刻，還有在那個時刻裡的我。」她是我見到的 Aging Solo 中最自由且個性最鮮明的人，這個回答很有她的風格。

朴眞英也選擇了「我最想看到的自己的模樣」，爲了留下「最好的自己」的模樣，她並沒有想起最愛的某個人，而是去想她所愛的人能欣慰記住的某個時刻。朴眞英補充了一句話，讓人印象深刻。

「心裡某部分因爲自己想不到最愛的人是誰而感到很慌張。我愛的人很多，但在那個情況下，卻沒有壓倒性勝過他人的人選浮現在我腦海中。我也在思考，『若要選最愛的人，那應該就要是家人』，這種心理審查是否會在內心自動作用呢？」

沒有組家庭的Aging Solo們，幾乎都選擇了母親而非選擇朋友或戀人，也許是出於同樣的心理吧？人生最後一刻腦中浮現最愛的人應該是家人，這是種心理審查或道德、文化影響力，難道Aging Solo不是不知不覺被這種影響力滲透才這樣選擇的嗎？連腦中浮現最愛的一個人也要回歸到原生家庭，這樣的不婚者眞的算是從家庭中獨立出來了嗎？

● 父母對於女兒不婚的不安

在韓國，結婚是獨立的標準、成年的指標，對於單身者而言，從家裡獨立出來的話題多少都讓人心情複雜。即便在經濟與空間上已經獨立，並獨自生活了很久，還是有很多父母不認為不婚女兒們是獨立的。他們一直抱持著「只有家人能信任」的信念，無法把兒女當作與自己分開的存在，只要不婚的女兒沒有「出嫁」，他們就會把女兒視為受自己保護與監督的可控制對象。

我認識的 Aging Solo，大多都從父母家獨立出來獨自生活，或和朋友一起生活，但是如果想要在未婚狀態下獨立，通常必須有特定的契機，比如因工作或學業而移居，否則就要克服辛苦的吵架過程。

二十幾歲晚期開始和朋友一起生活的金多任表示，她為了獨立生活而做好要與父母爭吵的心理準備，搬出來時幾乎像是在逃家一樣。

「我非常想離家出去住，但我家、學校、工作都在首爾，除了結婚外，我沒有任何搬離父母家的理由。但是我沒有結婚的打算，要想獨立就只能戰鬥了。我在沒有任何支援的情況下離家，爸爸只表示完蛋了，媽媽塞了一些錢給我。那些錢加上我存的一點點積蓄，再加上朋友的錢，我用這些錢和朋友一起租了半地下全租房*。這讓我切身體會到，沒結婚的女性要離家是多麼困難的事。」

即使分開生活，若女兒沒有結婚，無論她多大，父母都很難把她視爲獨立的存在。鄭世姸說，幾年前她買了一間小房子，就被父親訓斥：「怎麼能不告訴父母就買房？」

「雖然我因爲父親發火而感到慌張就道歉了，但另一方面又覺得，父親又沒有幫什麼忙，爲什麼要那麼不高興呢？我五十多歲買自己的房子也要得到父親的允許嗎？這眞的很荒謬。哥哥買完房只有說：『爸，我怎樣又怎樣然後就買房了。』說完就沒了。我獨立生活已經很久了，年紀也已經很大了，只因爲父親認爲沒結婚的女兒就該由父親管理，所以才生氣。」

我也有過類似的經歷，我父親在八十多歲中期開始患有失智症，雖然對許多事感到混亂，但對於獨自生活的我，他的擔憂卻始終如一。一看到我就會催促說：「不要一個人到處亂跑，快回家吧。」對已婚的妹妹，他一次也不曾這樣說。在有認知障礙的情況下還在爲兒女擔心，實在令人鼻酸，年齡已經是五字頭中段的我，獨自生活了快三十年，父親擔心的依然是我不結婚的問題，這讓我覺得很心煩。

對不婚女兒的擔心，有時甚至會延伸到向其他子女、孫子交待後事時。朴仁珠講述不久前她從已婚的妹妹那聽來的故事。母親突然需要接受手術，妹妹與妹婿在一旁陪伴，手術後母親從麻醉狀態中醒來，在意識模糊的狀態下抓住他們夫婦，多次囑咐「好好對待姊姊、不要讓姊姊孤單」。朴仁珠苦澀地說：「我不婚對我媽來說，好像是無法放下的未解難題。」

一起討論的鄭世妍說自己也有個荒謬的經歷，她提到她的侄子。

＊譯註：全租房是韓國特有的租屋文化，房客一次繳交高額押金，通常是房價的三〇％到八〇％，居住期間只付水、電等費用，租約到期房東會退回全部押金。

「我和侄子一起生活了一年半左右。某天，他突然對我說：『姑姑妳老了我會照顧你的，所以……』聽起來實在太荒謬，於是我說道：『喂，你這小子還是先顧好你眼前的事吧。』說完我心裡好複雜，開始產生亂七八糟的想法。奶奶和爺爺到底有多常把長孫叫來，對他說『你也要把姑姑照顧好喔』之類的話，他才會有這樣的想法，我想他應該感到不少壓力吧。」

●尋找與原生家庭間的適當距離

和無法承認不婚女兒獨立出去的父母相比，單身者又是如何看待原生家庭的呢？雖然他們大多成長於強烈的家庭主義文化中，但對於沒有新建立自己家庭的單身者來說，家庭的界限應該在哪呢？

以我爲例，想到家人，父母、兄弟姊妹、手足的配偶還有侄子，都屬於家人的範疇。提到家人的範圍爲何，我所認識的 Aging Solo 大多也都提到父母和兄弟姊妹等原生家庭成員。朴仁珠表示，和姊妹們的關係是與自組家庭同等重要的親密感來源。

「姊妹們比老公更會站在我這邊，只要有凝聚力強的姊妹們情況都會是如此，其他朋友的狀況也是這樣。我幾乎每兩天就和小妹通一次電話，從日常對話開始聊了很多很多事情。我認爲沒有組建家庭可能帶來的匱乏感，應該在姊妹身上得到了解決。」

韓國廣播通信大學生活科學部教授成美愛（성미애）的研究也講述了類似的故事，她與十三位四十到五十歲的未婚女性深度訪談，探討她們對婚姻與家庭的態度[38]。這項研究顯示，同年齡層的已婚女性認定的家庭範圍僅限於婚後建立的生殖家庭，但不婚女性所認定的家庭範圍卻包括父母、兄弟姊妹的生殖家庭，她們把更大範圍關係的人視爲家庭成員。

根據這項研究顯示，「不婚女性認爲家庭是最重要的關係，與先關心自己生殖家庭的已婚兄弟姊妹不同，她們會更深地介入照顧或幫助原生家庭成員的事務。」研究顯示：「與其他家庭關係相比，她們與父母的關係緊密，並在家務或家庭活動中給予協助或接受幫助，較常有與父母商量個人私事或家務的日常行爲。」

研究人員因此得出結論，中年不婚女性即便獨自生活，在心理上也不能視爲獨立。該研究的結論是：「中年不婚女性對婚姻與家人的認知，並沒有大解體或重組的表現，因此韓國社會並不像西方社會，能將不婚人口的增加，解釋爲重視個人化的結果。」

這項研究是在二〇一四年進行的，研究對象爲當時四十到五十多歲的不婚女性，大概是與我同齡的人、和比我稍長的年齡層。我很好奇青年世代的情況，在找資料的過程中讀了二〇二一年青年世代不婚單人戶女性相關的研究，雖然有程度上的差異，但整體來說並沒有太大的不同。

金敃志深度面談了居住在首爾的十四位二十五歲到四十二歲高學歷不婚單人戶女性[39]，研究發現不管與原生家庭距離多近，不婚女性對於家庭的標準依然是「原生家庭與他們生活的空間」。

研究者分析說：「她們批判父權制的傳統家庭，透過獨自生活的方式與傳統家庭保持一定的距離，但文化上並沒有替代的親密模式存在，於是她們在全面否定家庭組成與追求傳統家庭之間徘徊。」

缺乏替代的親密關係模式存在，可以從韓國社會僵化的家庭制度與文化中找到原因。不結婚也能得到法律認可的同居伴侶這種模式，要引入韓國仍是遙不可及，傳統家庭外的其他家庭形式，如同居情侶、事實婚姻伴侶、未婚媽媽等非基於婚姻、血緣爲基礎的家庭仍然在體制上受歧視。

在談論非家人的親密關係時，我們會說「家人般的關係」、「無異於家人的朋友」，一直以家人爲基準來比較的思考方式也讓新關係更難想像與擴散。

不婚研究者池恩淑博士指出：「考慮到共同體、新居住形式與新的連結方式，最難的部分就是要超越現代家庭的框架。」

「近代家庭框架在法國大革命後出現，並維持了三百年左右，成爲了以情感依附爲中心的生活模式。西方的近代家庭模式以伴侶爲中心，而在韓國則是有兒女才能算完整，女性尤其重視與兒女的親密感。西方以伴侶爲主的關係有更多元的選擇，變化快速；但在韓國，以兒女爲中心的近代家庭模式不可替代性太強，變化較慢。在我不婚朋友身上也可以看到，隨年齡增長他們與父母的親密度越來越高，因爲若要確認自身的過去與存在，最需要倚靠的人就是這輩子認識時間最長的父母了。雖然我也沒有完全脫離這個框架，但我並不認為這是件好事。」

池恩淑博士甚至把不婚女性隨年齡增長與父母更親密的現象形容為「泥淖」，這種緊密關係被拿來合理化單身者獨自照顧父母的道德藉口，因此可以稱為一種泥淖。雖然後面的篇幅會另外了解 Aging Solo 獨自照顧父母的情形，但已婚的兄弟姊妹把照顧父母的工作推給單身者的狀況也很頻繁，同時也有很多 Aging Solo 會認為獨自照顧父母是自己應該承擔的責任與道義。

● 在獨立與束縛之間

Aging Solo 和家人的關係很複雜，我們很難把這種關係二分為獨立或不獨立。正如前面引用的研究所顯示，選擇獨自生活的不婚女性對傳統家庭意識型態持批判態度，但很多時候她們仍無法擺脫家庭主義影響。

其實我也差不多是如此。我寫過指責傳統家庭意識型態的書，為了幫助家庭框架變得更有彈性，我在專門負責家庭政策的政府部門工作，但事實上，即使如此，我也無法說自己擺脫了這種複雜的情況。雖然我認爲自己的獨立心態很強，因爲自己一個人生活了很長時間，覺得無論任何事我都能靠自身力量完成，但我也發現內在有股很難從原生家庭完全獨立出來的親密感。就我個人而言，十五年前弟弟離世，我在父母身邊共同經歷他們失去兒子的悲痛，這件事對我影響很大，讓我對照顧父母餘生的責任感增加了。

在讀前面引用的論文時，對於中年不婚女性與原生家庭關係過度依附的部分，有一段分析表示這些女性是「心理上未能獨立」，這部分我無法同意，但同時我也很難否認，在某種層面上我與父母緊密連結，並一直處於「心理獨立戰爭」的狀態。父親是我又愛又恨的對象，幾年前他突然暈倒，我的生活也因此產生嚴重的動盪，我花了很長的時間才找回原本的節奏。如何消化父母的影響與陰影只是成年人必須處理的課題而已，似乎與我的不婚無關。

而有些 Aging Solo 與其說沒能從家庭裡獨立出來，不如說是戰略性地利用家庭關係。年長的單身女性和親戚、姊妹住得近或一起住就屬於這種情況。前面提過鄭世姸指責表示要照顧姑姑晚年的侄子，如果有像她這種想法的單身者，那就也會有與之相反的類型。有位拒絕採訪的六十多歲不婚女性，她在自己的家裡和超過三十歲的侄子一起生活，並表示她委託姪子照顧自己的晚年，死後會把自己的財產留給他。

在國外情況也差不多，研究顯示，單身者們比已婚者更認眞思考自己作爲家庭成員的作用，投入更多時間與精力來投資廣義上的家庭，以此應對自己的老年生活。[40]

然而，對於在成長過程中不斷飽受家庭內父權暴力折磨，從父權制下逃出並反擊，因此選擇不婚的人來說，家庭是必須斷開的束縛，也是需要治療的傷口。Aging Solo 與家庭的關係涉及範圍很廣，難以一言以蔽之。

獨立與歸屬、自主與聯繫、脫離與連結，這些詞雖然看似無法兩立，卻是所有人都懷抱的渴望，只是相對比重不同而已，Aging Solo 也不例外。我們對獨立生活以及親密關係的渴望也同樣強烈。而這種關係的形式，取決於各自所處的環境、能利用怎樣的資源、遇到什麼樣的機會。對某些人而言，這樣的對象可能是兄弟姊妹和親戚，對某些人來說則是朋友。

3. 以友誼為中心的人生

雖然這聽起來有點傻，但我不太清楚我的朋友是夠多還是算少，答案會因不同標準浮動，有時可能覺得多，有時覺得少。有學生時期的朋友、一起旅行的朋友或酒友、山友、業餘劇團的朋友們等，雖然有很多群朋友，但平時會一直聚在一起，可以算上親近的朋友呢？我想來想去，也沒有立刻能想起來的人。也許是因為我活到五字頭中段歲數，依舊在人際關係上生疏，沒能成為別人的朋友。大家都說物以類聚，我的朋友們大多都跟我一樣沒有溫柔的一面，很木訥。即便彼此不會悉心關照也少聯繫，卻不會因此感到難過，就算突然開始聊天也不會像昨天才剛認識一樣尷尬，這應該就是我的友情的特點吧？

朋友關係與其他關係相比是流動的，定義模糊。朋友關係的模樣沒有正式的框架，不像夫妻有關係的義務和約束，結束關係時也不需經過制度與程序，由此可見友情關係是鬆散的。我們很難和配偶、兒女好幾天都不說話，但和朋友就可能會如此。在關鍵時刻，家人的優先順序還會比朋友靠前。

不過，如果以追求美好生活的觀點來看，朋友關係可能比其他任何關係都更爲重要。據說不論內向或外向性格的人，朋友關係在決定人類幸福感的因素中幾乎占了六〇%。尤其是中年之後生活品質的重要指標，其中一項就是「能否毫不猶豫地說出親近的朋友名字」[41]。

對於 Aging Solo 而言，朋友關係又更爲重要。在女性民友會†的調查中，單人戶女性孤獨或生病時，最依賴的人就是朋友。因爲朋友關係的經濟、社會力量不大，所以像住院那種需要「正式」解方的時刻，尋求家人協助的情況很多，但在情緒上，「朋友」關係網是最重要的。[42]

金多任也表示，從父母家獨立出來獨自生活時，與朋友的友情是最堅強的後盾。朋友買二手車練習開車時，她「賭上自己的性命」一起上車，而朋友母親聯繫不到女兒時，也會打給金多任詢問女兒近況。金多任認爲規畫和朋友們一起玩的活動和定期見面很重要，她設立好「共同觀看《射門明星》（골 때리는 그녀들）綜藝節目的群組」和朋友們一起看電視節目，也一起慶祝紀念日，定好日期按時見面。幾年前，她索性和朋友一起買房住在一起，和朋友的關係超越了情感，形成了共享財產的經濟共同體。

因距離與時間而興衰的友誼

即使不是和朋友同住一個空間，還是要距離靠近才能積累共度的時光，關係才會更加緊密。對於居住地不固定、經常搬家，或爲了尋找舒適住所而逃離首爾的 Aging Solo 來說，這點總是一項挑戰。

在首爾生活一陣子後移居到京畿道新市鎭的姜美羅說：「自己一人生活沒有什麼匱乏的地方，但和朋友間的距離是最大的問題。」

「讀書時期的朋友結婚生子後，自然而然就和她們疏遠了；換工作後，和以前的同事也疏遠了。和親近的朋友本來還都有來往，但搬到京畿道對我的交友關係產生了決定性的影響。小時候對方住哪並不是什麼大問題，但隨著年齡增長，和別人約見面時，雖然也不是不喜歡對方，但總會問自己是否眞的喜

† 譯註：女性民友會是在韓國關注女性議題的社會團體。

歡對方到願意花四個小時來回，只爲在首爾見面兩個小時。」

正如姜美羅的感受一樣，距離很重要。關於社會網絡的研究中，有個「三十分鐘法則」（Thirty-Minute Rule）的默認法則。根據英國生物人類學家羅賓・鄧巴（Robin Dunbar）所介紹，「如果某人住在離你居住地三十分鐘以內的距離，你就會把那個人視爲重要的人，努力和那個人見面。無論這三十分鐘是徒步或騎腳踏車都不重要，對於你到達那裡需要多長時間的心理距離感才是關鍵。」[43]

也許就是因爲這樣，我和朋友們聚在一起時常會說：「我們以後住近一點吧。」「近」就如同前面說的，是心理上感覺很近的距離，更白話表示的話就是「送一碗熱粥過去不會涼掉的距離」，而「以後」則是指結束賺錢、照顧家人等不可避免的義務後，最後的人生階段。

爲了在新搬來的社區裡結交新朋友，姜美羅在社區公寓的留言板上傳了一篇文章，創立了一個聚集不婚女性的社群。她說交流並不像她期待的那樣活躍，因爲還沒找到與她興趣相投的人。

「我也去過幾次新城市女性聚會，不管是已婚的人還是不婚的人，大家都把焦點擺在房地產上。價值觀要有一定程度的相似才能成為一起吃飯、聊天、認眞對話的關係，而我現在還沒找到這樣的關係。」

她要找的朋友不是要友情關係緊密的人，而是能夠「偶爾一起吃飯」的朋友。

「我需要的是每周至少見一次面，偶爾約吃飯的飯友。單身者的個人空間與時間都很重要，每天一起吃飯、一起行動的話又會不舒服。如果是一周至少一起吃一次飯的關係，那麼其他時間自己吃飯就不會孤單了。」

不僅是距離，隨著人生階段的不同，朋友關係也會起起伏伏。單身者的友情也深受朋友結婚的影響，大多數人感到朋友明顯減少的時間，就是同齡朋友開始結婚的時候。此後，隨著生產和育兒等需要花時間的事情增加，朋友關係會發生變化。人生的變化不僅奪走了各自的時間與注意力，還會揭示出自己和朋友以前未曾了解彼此的特點，以及無法想像的一面。因各自的成功、失敗、誤會、嫉妒，親近的朋友逐漸疏遠，隨著新朋友的到來，友情也會經歷興衰。

以我爲例，過了三、四十歲以後，我和學生時期的朋友交流減少，但在社會生活中遇到的新朋友取代了這個位置。而和老朋友重新聯絡是從五十歲左右才開始的，這時大家都在社會上站穩腳步，已婚朋友也差不多完成了對子女的教養工作。

雖然單身者的「摯友」似乎都是單身，但事實並非如此。就拿我來當例子，要我選出「摯友」的話，我可以舉出各式各樣的身分，包含不婚女性、單身的媽媽、已婚育有兒女的女性、已婚無兒女的女性、已婚男性等。他們的年齡也都不一定，混合了學生時期的朋友、職場同事、出社會後認識的朋友、在旅行中相遇等關係。他們的共同點是，跟我在一起的時間很長，無論是旅行還是工作，我們共享了深刻的體驗或對世界有著類似的觀點。

●隨年齡增長而減少的朋友們

Aging Solo 們表示，隨年齡增長朋友好像越來越少。自營業者崔恩珠（최은주，五十六歲）說：「當上了年紀人脈變窄，我自己也開始區分重要與不重要的關係，可能是因爲精力不夠吧，大家不都是這樣的嗎？」

我也無法否認我的精力比青年時期不足。對於認識很久的親密朋友，我很珍惜和他們在一起的時光，但我漸漸開始避開與一群我不太感興趣的人相聚的社交活動。以前朋友間產生誤會或矛盾時，無論如何都會想辦法彌補關係，現在就只是保持距離觀察而已。雖然誤會或不解釋是各自的自由，但如果這樣的關係就此結束那我也能夠接受。然而我知道，也許這其實只是在經歷無數次關係破裂後，不知不覺間習慣心死罷了。

感受到曾經能稱爲朋友的人減少，我一度覺得淒涼，但朋友變少也是自然的事，也許長期維持的友情才是例外。據荷蘭社會學家杰拉爾德・莫倫霍斯特（Gerald Mollenhorst）的研究，人們每七年會換掉一半的社會網絡，失去一半的朋友，再重新被新朋友取代。[44]

隨著年齡增長，社會生活的半徑越來越小，結交新朋友的標準越來越嚴苛，朋友數量也只會持續減少。依據年齡的不同，調查社會網絡規模變化的結果顯示，十八歲時平均每月通話的人數為十二人，二十五歲時達到十八人的巔峰，此後逐漸減少，八十歲時減少到約八人。[45]

一個月平均八個人啊……雖然我才五十多歲，但除了因為工作而溝通的人以外，毫無目的的聯絡的朋友常常都沒那麼多，怎麼辦啊？我和我的朋友們不太會鉅細靡遺的交流，但現在就這樣的話，八十歲我身邊到底會剩下多少人呢？

我邊數著朋友的數量邊擔心著，採訪 Aging Solo 時我問她們，有多少朋友是當發生什麼事會隨時跑來的，有人說「將近十人」，也有人沮喪地說「連一個人都很難選得出來」。

選擇「至少十位」的金佳英說：「這個標準不一定非得是『靈魂伴侶』的程度。」

「我擁有來首爾時如果沒地方睡覺，就讓我去他們家的朋友們；還有我生病去醫院，或父母生病時互相探望的朋友。這種程度就夠了，不然還要期待什麼呢？爲了如此，需要累積相處的時間，必須是連結感很高的同性朋友。我選的十個人都是學生時期的同性朋友。」

南智媛選了從二十多歲就認識的三位同齡朋友，她說：「但是形成我精神核心的關係在其他地方。」對制度性宗教不太相信的她卻特別選擇了宗教。

「過了四十多歲我才感覺到，宗教與我的關係是支撐我人生的定心丸。我指的並非某特定宗教。幾千年來人們苦思，透過基督教、佛教等宗教理論體系，整理出對生活問題的答案與痕跡，對此我感到很感恩，這讓我有所依靠。當我難以依靠他人或者有太多話語讓我感到頭昏時，在寂靜之中我覺得自己不是一個人，而是在更大的世界懷抱中。」

她說的這番話很有趣，因爲這讓我想起了羅賓·鄧巴在《朋友原來是天生的》（*Friends：Understanding the Power of Our Most Important Relationships*）中提及的一段話，這段話與「關係核心」有關。

關於朋友數量最有名的研究是「鄧巴數」（Dunbar's Number），指人類自然形成的群體規模在任何地方都會趨近於一百五十人。這個數字包含了好幾層的朋友，在每個圓圈裡接著更小的圓圈，五十位「好朋友」（派對朋友）、十五位「親近的朋友」（飯友或酒友）和五位左右的「摯友」（可以依靠的朋友們），以這種方式逐漸縮圈。其中最裡面的圓，也就是五位摯友的圈圈，會隨年齡增長而集中，成爲「關係的核心」[46]。根據鄧巴的理論，該「核心」包括朋友、家人、寵物、迷戀的歌手等，若信仰虔誠，還包括了各自信仰的神明。不論對象是誰，只要能帶來情感上的親密感，認爲對方是最接近自己內心的對象就算數。因此，沒有必要因爲「只有我沒朋友」而沮喪，可以不去在意這個數字。有人跟南智媛一樣依靠靈性，也有人像我一樣依靠廣而淡薄的友情，也有人像我妹妹一樣覺得緊密深厚的友情就已足夠。

此外，還有方法能自我診斷自己的朋友是否夠多，或是需要更多朋友。美國心理學家瑪麗莎．法蘭柯（Marisa Franco）建議：「檢視自己的自我認同中是否有部分被壓抑了。」

「每個朋友都能挖掘我們內在的不同部分，和各種朋友群一起，我們可以體驗到各種自身特性，例如喜愛高爾夫球的自己、喜愛花卉的自己等。如果你的自我認同感萎縮，感覺自己不像自己，那這就是一個訊號，代表你需要其他類型的朋友。」[47]

或者，也可以和已經很親密的朋友改變一下關係的類型。去年，我和身邊的單身媽媽朋友一起創建了「害羞亂談俱樂部」。有一次，我們一起散步時，我偶然吐露了自己默默努力消化的事，僅僅是將感到羞愧的情感告訴一個值得信賴的朋友，我就感覺輕鬆多了。我們一致認爲非常需要這種談話的關係，我們意氣相投地成立了只有兩名會員的俱樂部。我們每個月至少會在周末見一次面，吃完早午餐後，邊在樹林裡散步，邊彼此吐露心情，說一些不好意思說出口的迫切欲望、祕密願望與瑣碎的煩心事。隨意拋出一些話題，再笑到喘不過氣來，如此就能爲日常生活帶來喘息的機會。

●朋友不會憑空誕生

獨自生活的 Aging Solo，更需要有意識地努力結交朋友，友情並非自然產生的，而是需要努力去建立。當友誼擴大時，立基於信任的社交關係就形成了，這也就是社交資本的形成，而建立社交資本是提高單身者生活品質的重要途徑。[48]

金智賢組織了很多聚會，甚至被稱爲「聚會中毒者」。

「像讀書會、吃冷麵的聚會等，主要聚會有三個，加上間歇性聚會的話大概有五、六個吧。我們把感覺相似但背景不同的人聚在一起，能感受到彼此兩極的魅力，而這些聚會與人脈無關。我討厭人脈這個詞，大家都清楚對方是不是爲了利用才和自己來往的。人脈是爲了利用而交往的關係，但我不喜歡這樣。之所以組織聚會，是因爲想留住那些我想一直見到、想變親近的人。我的人生中曾經遇到了很多人，但幾年過去他們就像從指縫中流走的沙粒一樣消失了。」

鄭秀京以興趣、愛好爲基礎，持續組織或參與聚會，她說自己「一直在努力把喜歡並追求愛好的人綁在一起」。與新認識的人交談時，若發現同樣感興趣的事，她就會「建立聊天群組，定期見面交流訊息」，於是她組織了美食聚會、投資聚會等。她表示，儘管是因爲共同興趣讓一群陌生人聚在一起，但這不代表他們的關係都很淺。

「聚在一起就會產生互相理解的瞬間，就像你和我相遇，就這樣一直互相觀察、配合、擴大關係，然後變成好友的人就住在彼此附近，這簡直就是最棒的情況。若互相理解、處境類似的話，在生病時互相照顧，這樣應該就可以過上一輩子吧？如果建立起這種關係，當對方請求協助時，只要自己不覺得被強迫，應該就會願意去照顧他，並帶著『謝謝你叫我來幫你』的心情。」

對許多人來說，好朋友是「無條件正向關注」的主要來源，關於友情，人們最大的誤會就是覺得友情不如浪漫愛情重要，然而 Aging Solo 從經驗中得知，事實並非如此。

記得某天晚上我和朋友見完面回家，當時我感覺自己和她在一起的樣子，應該就是我對自己所期望的最好模樣，於是我突然停下腳步，不由自主地笑了出來。平時平平淡淡，偶爾見個面，總覺得這樣滿好的。就像良好的伴侶一樣，好朋友也會讓人覺得「最棒的我」就是眞實的我。對於獨自生活的人而言更是如此。

4. 依靠他人在社區裡扎根

以各種方式和朋友一同過生活的不婚女性逐漸增加。最有名的例子就是《兩個女人住一起：非關愛情的同居時代》，這兩位朋友因爲這本書而廣爲人知。不過，如果是讓不婚議題公開討論、擴散出去，並且由一群共同生活的不婚女性和朋友建立鬆散關係的例子，那全羅北道全州市的單人戶社區網絡共同體「非飛」（비비，「非婚者的飛行」‡（비혼들의 비행）的簡寫）可能才是首選。

檢視非飛二十年來走過的路，這似乎是個模範樣本，她們讓考慮不婚生活的女性們想像理想生活的路徑，把理想逐漸走成現實。非飛是源於二〇〇三年由六位三十多歲不婚女性組成的全州婦女熱線小聚會，也就是「非婚者們的飛行」。她們透過共同學習、旅行、一起玩樂而變親近，二〇〇六年她們開

‡ 編按：象徵著選擇單身生活的人們像自由飛翔一樣，享受著自主和獨立的生活方式。他們選擇脫離傳統的婚姻和家庭結構，過上屬於自己的生活。

始在同一棟公共租賃公寓裡，以單人戶鄰居的身分生活在一起。二〇一〇年她們即將邁入四十歲，爲了認識更多不婚女性，她們成立了「女性生活文化空間非飛合作社」（以下簡稱空間非飛）。在二〇一六年轉變爲合作社的空間非飛中，有五十多位不婚、已婚的女性參與，她們一起寫作、運動、討論居住獨立或照顧父母等感興趣的話題，討論關於獨自生活之力量的議題。這期間，搬進這棟公寓與她們成爲鄰居的不婚女性增加到了二十三戶，以類似村里活動中心的空間非飛爲中心，她們獨自生活，卻又維繫著鬆散的關係。

非飛分階段逐步擴展活動，其執行力令人驚嘆，但更令人好奇的是這個網絡能夠持續二十年的祕訣。即便是出於良好的意圖且意氣相投，但這世界上的關係有多少是滿身傷痕且破裂的呢？這種關係並非受婚姻、家庭等制度捆綁的利害關係，讓陌生人們長時間相處，彼此變成比誰都親近的關係，非飛是如何在這麼長的時間內做到這番難事的呢？

空間非飛位於流經全州市的全州川附近主要街道上一棟商業大樓的三樓，雖然餐廳、KTV、美容院的招牌遮擋了整個建築，但一進入空間非飛，便有一股溫暖、溫馨的氛圍迎接訪客。我去拜訪時，空間非飛的全職員工靡乙（마

을，五十一歲）、珠兒（주얼，四十八歲）、春春（봄봄，五十歲）都在忙著爲老年的居住共同體建立合作社。關於這個老年居住共同體的故事，後面會再單獨討論。

她們是同一棟公寓的鄰居，關於非飛共同體的日常生活是怎麼過的，春春還在女性主義雜誌《Ilda》上親自寫了一篇文章——〈輕鬆交換「感謝」的不婚群體〉（세상 가벼운 「땡큐」를 주고받는 비혼 공동체）[49]。

春春表示，光是看著公寓陽臺外非飛成員們（以下簡稱居民）居住的樓房，她就感到很安心。居民們發生任何事情時，非飛都會比 119 更快出動。像不久前，摩乙和珠兒曾在深夜時帶一位突然腹痛的居民去急診室。三位全職員工都得了新冠肺炎各自在居家隔離時，居民們每天都會在她們的門前擺上紫菜包飯、草莓、地瓜等食物，並關心她們的身體狀況。某個早上，沒有車的春春要帶母親去醫院，但卻叫不到計程車，有車的居民就出門送她們過去。春春每天從公寓步行約十分鐘到空間非飛上班，空間非飛會舉辦各式各樣的聚會，即便沒有聚會，也會偶有居民來列印文件，或閒來無事就來打個招呼，並分享美食資訊。春春溫暖的文章是這樣收尾的：

我們彼此向對方提出最親密的請求，互相用最輕鬆的方式道謝，今天我幫助你，明天你幫助我，這樣生活不就夠了嗎？50

● 沒有規則也圓滿進行的聚會

通常我們認爲不同的人要共處就需要規則，但非飛的獨特之處就在於它沒有規則。當住在租賃公寓的不婚女性單人戶超過整棟公寓戶數的二%時，她們開了公寓居民聚會聊天群組，沒有規定、會費、義務或定期聚會，只是維持著鄰居程度的距離感。想了解這個沒有任何規則的共同體如何運作，首先就要了解非飛的三層結構。

如果我們畫一個三層的同心圓，那麼非飛的核心是從二〇〇三年開始到現在聚集在一起的六人群體；以這個聚會爲基礎畫出更大的圓，這個圓是包括空間非飛六人在內的十一名合作社成員，還有五十多位自由進出的會員；而在最鬆散的虛線圓裡，是由同公寓二十三名鄰居組成的居民聚會。這些人之間有空間非飛的會員，也有的人不是會員。非飛、空間非飛、公寓鄰居中，大家根據自身需要，有人橫跨三個圓，有人只橫跨一、兩個圓。雖然有些人關係密切、有些人關係鬆散，但大家的資格和權利並沒有不同。

春春表示：「公寓居民聚會也只是在群組聊天室相聚的關係，由於並沒有一個義務參加的活動，所以二十三人中也有些人互不認識。但不論是誰，都會認識空間非飛裡的某一個人。」

彼此什麼都不干涉、不計較貢獻多少，這樣還能維持網絡的祕訣爲何？其中關鍵在於非飛。

> 「即使沒有規則，社交網絡還是能運作的原因是『一直有個準備回答的人』在其中，而這就是非飛。我認爲如果要一起生活，『懂得回應』非常重要。如果有人遇到難題並發問，不論是什麼情況，我們這三位空間非飛的全職員工中就會有一個人回答問題，即便是小問題還是會去跟物業管理方協調，親自確認他們重視整個問題並解決。因此，就算不聚會，也不要求大家付費，大家還是能感受到這個網絡正在運作，讓人感受到共同生活的安全感。」（摩乙）

那麼，在三層圓中心的非飛這個群體關係是怎麼變緊密的呢？

「六位非飛會員間除了繳納會費和每月一次定期聚會外，沒有任何規定。不過，大家已經在一起將近二十年了，一起度過了生命周期，了解各自的過去與家庭背景，無論發生什麼事，我們都擁有不可動搖的信任。雖然偶爾會侵犯到彼此的領域，若對象是別人可能就很難處理，但在我們之間都是沒問題的。這六人之間有著不用另外組成血緣家庭的安定感、舒適感，還有共同生活的連結感。」（春春）

她們並非一開始就認識的關係。這六個人只有兩個共同點：「都是在上班的三十多歲不婚女性」和「認識提議組織聚會的摩乙」。二〇〇三年，曾任全州婦女熱線事務局長的摩乙成立了不婚女性小聚，開始一步一步聚集人。

「在三個月內，我一個個採訪並把人聚集起來。我提議把在同一個婦女團體工作的朋友、在電影聚會上認識的朋友、學校後輩等人聚在一起聚會。她們的共通點就只是，她們都是我喜歡的人。周遭有人問我怎麼組織聚會，我說不用跑到很遠找，就和喜歡的人一起聚會吧。要是聚會的對象是我喜歡的人，那我就能爲對方犧牲些什麼，做什麼事都能接受，否則我會直接離開，沒有必要忍著。參加非飛第一次聚會的人只有一個共通點，她們都是我喜歡的人。（隨人數增加）不認識的人之間互相尊重，慢慢了解，透過共同學習與旅行的過程，就可以建立信賴。」（摩乙）

然而，也不是只有想法與價値觀相同的人才能聚在一起。摩乙是從事女性運動的人士，但春春是「曾表示自己討厭女性主義的人」。

「在做非飛之前，我的生活和在婦女團體裡工作過的摩乙姊所接觸到的層面很不一樣，所以女性主義對我而言很陌生。然而這部分完全不成問題，雖然我的速度較慢，但在這個聚會裡慢一點也沒關係，大家會包容比較慢的我。由於對彼此產生了這樣的信任，我的認知也隨之改變，逐漸形成了認同感。長時間的相處在其中發揮了很大的作用。雖然摩乙姊會事先思考一些事情，但因

爲大家都在努力扮演各自的角色，所以她不必一個人承擔所有責任，事情無論如何都能圓滿運行。」（春春）

春春解釋說：「在非飛裡，問題不會從頭到尾都由一個人來解決。」非飛經常出去過夜聚會，有次發現雖然大家沒有事先討論，但每個人卻都各自認領自己的職責，有人定日程規畫、有人買菜、有人做飯、有人洗碗等，各自找到自己能付出的部分並各自完成。因爲大家都想盡辦法互動、回答，發揮自身作用，因此一切才可能完成。

●比家人更緊密的關係

非飛在初期時有很多計畫，最主要是一起讀書，但隨著每月一次的見面不斷進行，大家的注意力開始轉到講述自身經歷的困難和煩惱上。於是互相開導、偶爾約看電影、生日時一起去吃好吃的、每季都去旅行、放假時一起出國旅遊，就這樣拉近彼此距離。

二〇〇六年，隨著摩乙入住公共租賃公寓§，夢想著獨立居住的不婚女性開始在此聚集。在摩乙入住這棟能住五十年的公共租賃公寓時，揀選入住者的標準只有不能持有房屋，還有申請時間，因此單人戶的入住門檻不高。每次開放入住申請時，非飛都會迅速告知會員，分享申請租賃公寓所需的資訊與手續，若押金不足就用非飛的會費補貼。有人新搬進來，「清潔隊」就會出動幫忙，大家一起幫忙打掃，成為鄰居。據說這個方式讓她們在三年內就有四人住進這棟公寓了。

二〇一〇年建立空間非飛時，摩乙、珠兒、春春三人離開各自的正職工作，成為了非飛的全職員工。

「我們決定減少花費，在經營這個空間的過程中，我們嘗試了過去隨意思考過的替代生活方式。空間非飛合作社費或會費只能勉強讓空間運作，其餘

§編按：這些公寓通常由政府或公營機構建設和管理，以相對低廉的租金長期出租給符合條件的申請者。

的費用就用演講活動或外部勞務賺的錢補貼，個人活動全部以共同收入的方式管理，就像個經濟共同體一樣。」（珠兒）

不婚女性們在空間非飛裡聽了她們獨立居住的過程，便逐漸聚集到公寓來，一起生活的不婚鄰居增加到了二十三戶。

我聽了她們的成長故事，非飛的成員在三十幾歲第一次相遇，她們活到五十歲時開始準備建立老年女性共同體。她們正在共同打造一個能共同生活且重整自我認同的基地，並一起度過生命周期的變化，克服人生中的困難，就像夫妻的生命周期隨著結婚、生育、子女入學、畢業和就業而改變一樣。非飛的特點是，它既像是家庭卻又不受限於家庭的僵化概念，對此，摩乙在其他研究中表示：

「除了家庭這個詞，希望還有別的詞可以用來描述我們的關係，可惜並沒有這樣的詞。相較於家人，我跟非飛的關係更緊密。拋開血緣來說，其實在某些方面我們明明就是家人，但是說我們是彼此的家人好像又受限了。與其說是家人，比較像朋友；但說像朋友，我們卻又太像家人了；我們還有同志般的一面，共同追求著理想。因爲是一起爲未來做準備的人，對我而言，這個概念應該比家人要大得多，因爲我們是以非飛爲中心在想像未來。我們大部分的人都對原生家庭很好，儘管如此，對未來的想像還是在這裡（非飛）。」[51]

互相照顧的共同體

她們共同經歷大小事，且用長期維繫的力量來「學習、照顧與旅行」，她們特別強調「學習與照顧的搭配」。

「非飛中的某個朋友得了癌症，從那時起，我就開始一起跟著學習病人該如何生活。學習是爲了理解朋友，並和朋友共同生活。其實如果家人生病，我也不一定會爲了理解而學習，但當共同體的成員生病後我就開始學習了。病人對人生的思考與經歷與我們不同，沒生病的人單純認爲『生病就去醫院手術再出來就好了』，不曉得用病人的身體過日子是什麼體驗。但不曉得的話，就很難與生病的朋友產生共鳴，可能會經常要求病人要表現得『正常』，所以我才決定一起去醫院，不只是照顧，而是一起學習。一段時間後，其他朋友開始照顧父母，我也一起思考如何照顧父母，一邊學習一邊想著要如何將這些狀況納入討論中。每個人的人生經歷並不僅僅是個人的經驗而已，而是我們共同的經驗，我們要一起找出克服問題的方法。」（摩乙）

聽了摩乙的故事，我的心漸漸暖了起來，充滿了平靜的感動。如果非飛裡有人生病，健康的人並不會離開，而是一起停下腳步來學習，努力理解生病朋友的日常並互相照顧。如果有人照顧父母的負擔加重，她們也不會脫離共同體，而是成立「照顧父母自助聚會」，分擔痛苦並彼此安慰，就這樣互相扶持、互相依靠。

春春表示：「非飛最重要的原則並非在團體中我們該成為什麼，而是各自專注於自己『想做什麼』。在這個過程中，非飛成為了相互鼓勵與支持的安全關係與安全空間。」她用一句話概括了這一點，那就是「互相照顧的共同體」。

互相照看、接納彼此的請託，抱著我有天也可能會需要拜託別人的心，這對長期獨自生活的單身者來說，感覺多少有點困難。例如，我極度討厭給別人添麻煩，因爲很難或討厭向他人請求協助，所以習慣獨自解決一般的事情。直到某天我才意識到，我不喜歡給別人添麻煩或拜託別人，正是因爲我討厭別人給我添麻煩或拜託我，我甚至不願意得到別人的協助。這不就是「小氣之人」的定義嗎？我一直認爲自己只是需要與他人保持遠一點的距離而已，但想到自己可能不知不覺地越來越像電影《小氣財神》（*A Christmas Carol*）中的史顧己（Scrooge），我就感到毛骨悚然。雖然我努力改變，但對我而言，這等於要改變我長久以來的習慣，所以並不容易。

從這一點來看，我對珠兒說的話深有同感，她說：「麻煩別人並創造讓別人能麻煩我的機會是需要訓練的，這眞的需要練習。」摩乙也幫腔說：「尤其是獨自生活很久的人，這種人通常不太會說出『幫我』。」

「在經營非飛的過程中，我們總是在幫別人，幾乎沒有處在請別人幫忙的立場過，因此就很難說出那句話。不過，那是因爲我們沒有請別人幫忙才如此，我想若請求幫忙，無論是誰都會幫忙的。懂得請人幫忙比問他人需不需要幫忙更重要，我認爲這就是自我照顧。因爲每個人個性不同，沒必要過度努力，但至少要學會接受別人的幫助。我認爲，每個人都需要有能夠請求幫助的關係，當有人伸手試圖幫助時，懂得感恩地接受也是共同體的精神之一。」

我長期以來都獨自生活，認爲自己承擔個人的生活是非常重要的，但最近我開始認爲，若獨自生活就是要獨自解決所有事情的話，這種態度是在用狹隘的眼光看待獨立。

想起不久前讀《酷兒鄰居 Ibanjiha》（이웃집 퀴어 이반지하）時，作家 Ibanjiha 斷然寫道：「如果我眞的能搞定一人份的事情，那我就不需要社會了。」

「我們有時只能做到〇．八人份，有時靠自己的能力做了一．五人份，就這樣相互交織地過生活，因此應該沒必要馬上追究自己是否做到了一人份的事情。因爲隨著每個瞬間的關係改變，我們的角色也會不斷變化。」[52]

獨自生活是可行的，但矛盾的是只靠自己一個人生活是不可能的。想在關係中存活下去，就像非飛成員們那樣，需要練習「互相照顧」、「互相添麻煩」。雖然這不是我擅長的事，但一定要練習，在見完非飛成員回家的路上，我把這件事當作養老計畫的第一件事並銘記在心。

● 在社區中扎根

即便不像非飛那樣緊密相連，也有些人是依靠朋友在社區中扎根。

二〇二二年十月底，首爾市恩平區某間麵包與書結合的複合式商店舉行了一個小活動，名為「麵包和湯：適合單人戶一起共度的美好日子」。活動主旨是要分享麵包店的麵包，還有用滯銷醜蔬菜煮的湯，同時也可以觀察單人戶的餐桌，共享各自的生活技巧。

策畫活動的金延眞（김연진，四十二歲）表示，自我照顧的首要任務就是親自準備自己的食物，她相信，就像自己掌握的簡單食譜一樣，這些花時間習得的生活技巧能夠讓她的身體和日常生活更加穩健。

然而，金延眞一開始的生活並非如此。上大學後，她開始在首爾的阿姨家生活，在三十歲出頭搬到鬧區的單人套房。住在這裡，門一打開就是外面的世界，唯一能讓她感到放鬆的地方，只有地鐵站前的藥局而已。下班回家後，連做飯都很累。公司是她生活的主要重心，一回到家就像被困在房裡一樣鬱悶。之後，輾轉換了好幾個職場與社區，她搬到恩平區的公司附近，只往返家裡與公司之間，對周圍社區並沒有太多關注。

當她偶然和朋友們一起種菜之後，社區才開始看起來變得不一樣。

「我有一群全都是不婚的同齡旅伴。大約走到三字頭的中段歲數時，我們覺得單身者的呼吸方式是去吸別的國家的空氣，所以就開始一起旅行，最多還曾經一年去過四、五次。不過，新冠病毒疫情阻擋了旅行，大家都覺得快發瘋了，結果一個朋友突然提議要來種菜。這群朋友平時也沒有很關心生態環境，但因爲也不能去旅行，所以還是來做點什麼吧。」

就這樣，她們二〇二〇年在首爾市近郊買了三坪的小菜園，每周不管是哪位，總會有人去種地。下半年她們種了白菜和白蘿蔔，並聚在朋友家醃製了兩天一夜的泡菜。那是她生平第一次做泡菜，實在太有趣了，於是冬天又聚在一起，一起做了柚子醬。

「以前，工作壓力會原封不動地被埋在家裡，像灰塵一樣堆積起來，但一起在菜園裡摸泥土、摸菜、除雜草，這件事本身就很療癒。下雨的話就因爲雨水而開心，沒下雨就因爲乾旱而擔心。就這樣，我們一起顧菜園、一起醃泡菜並深入彼此的日常生活，這種體驗讓友誼越來越深，於是我好像知道扎根的心情是什麼了。雖然我們三人都是完整的成年人，但卻因沒結婚而受到了不完整的待遇，感覺無法在任何地方生根，但在這三坪的菜園裡，我們有了扎根的感覺。」

後來二〇二一年她離開了非營利機構的工作，從那以後她才開始注意到社區。考取咖啡師證照後，她學習製作麵包，每周有一天的時間在麵包店工作，並開始關注經營該空間的老闆所舉辦的各種地區活動。她開始有一些常去的店，如花店、咖啡館、麵包店、乾洗店和小型超市，她認識了這些地方的老闆也開始經常見到熟悉的面孔。恩平區有以不婚女性主義者爲中心而成立的生活醫療福利社會合作社，雖然她只是一位合作社成員，但她感到安全和自豪，因爲她有了一個安全的空間與姐妹們聯繫。

她將這次經歷形容爲「社區走近我身邊」，並認爲這次的經歷得以實現都要歸功於「與物理空間所建立的關係」。

「和朋友們的關係是在菜園中與物理空間建立的關係，這個關係延續下去，擴展成和社區裡的熟悉面孔連結成的鬆散關係，社區裡的交流也一點一點增加了。我覺得不婚女性能安全過上老年生活的地方並不是監視器多的地方，而是巷子裡充滿熟悉面孔的社區。」

當關係變牢固，並思考著扎根於社區時，她感覺到自身的變化。

「二〇二二年七月我確診新冠肺炎，家裡一點維他命都沒有。一起種菜的朋友住在光明市，她把自家的維他命全打包帶來恩平區，掛在我家門上。其他朋友也快遞了很多東西給我，以前的我會說：『不用，沒關係，不用來。』但是這次朋友說要來，我就回覆：『好，過來吧。』這對我而言是很大的轉變，我開始依靠別人了。如果我們只是旅伴可能很難說出這樣的話，但在一起照顧菜園的過程中，我們的友情變深厚了，從某個時間點開始，回家吃朋友爲我做的東西，我的內心也能很舒坦。」

從「沒關係，不用來」變成了「好，過來吧」，這句話讓我有很微妙的感觸。一直以來把自律與獨立視爲最高價值的人，向自己堅定信任的人承認自身弱點，溫順地依靠對方，就算這不是浪漫關係，聽起來也像愛的告白。我還是一位住在「沒關係，不用來」世界的居民，某天我也能走向「好吧，來吧」的世界嗎？她自己建造出能跨越這種心態的橋梁，讓我突然羨慕了起來。

chapter
3

孤獨終老的謊言

為生計、居住、照顧、死亡做準備的想像

1. 自力更生的工作

「人們對單身生活的鄙視，只是因爲貧窮而已。」

雖然珍．奧斯汀（Jane Austen）的小說《艾瑪》（*Emma*）是在兩百年前寫的，但艾瑪的話語卻包含著無法忽視的刺，她的話即便放在今日都不會過時，而貧窮卻獨自生活的辛酸又豈止是過去才有的事。

對所有成人而言，賺錢是個課題，但對於Aging Solo來說，賺錢不只是單純的生活手段，更像是在確認自己的存在感，因爲如果自己不賺錢就不可能「獨自生活」。已婚女性能暫時依靠配偶，也會在養育兒女時有獲得成就感的機會，但如果Aging Solo賺不到錢自尊心就會大受打擊，如果要贍養年邁的父母那情況則會更加嚴峻。

獨自生活並不代表就能減少一半的家庭花費。舉例來說，據統計廳統計的〈按家庭成員數分類的每戶平均家庭收支〉（가구원수별 가구당 월평균 가계수지）顯示，二〇二一年第三季單人戶的經常收入爲月均兩百八十七萬五千兩百八十二韓圓（約新台幣六萬七千五百元），家庭支出爲月均兩百二十二

萬六千五百零八韓圓（約新台幣五萬兩千三百元）。和兩人家庭相比，收入爲兩人家庭的六六％，支出爲六八％，雖然收入與支出都沒有減少到幾分之一的程度，但支出減少的幅度更小。居住、水電費用等支出中的固定費用，單人戶人月均花費爲二十六萬三百韓圓（約新台幣六千一百一十五元），與兩人家庭的人均花費（二十五萬五千六百七十三韓圓，約新台幣六千零五元）相差無幾。不管房間內有多少人，開燈的電費都是一樣的，所以這也是理所當然的結果。在美國也有一項研究比較了情侶共同生活與單獨生活時的生活費，結果是單獨生活比共同生活貴了二八％。[53]

我遇到的 Aging Solo 都在努力賺錢，對話中她們經常提到「我要養活自己」、「我是我家的戶長」等話語。因爲大家至少都賺錢賺了十年以上，所以目前的生活還算勉強能維持下去，然而即便有程度的差異，每個人也都對老年生活感到不安。

寫《放棄希望，然後加油》（희망을 버려 그리고 힘내）的金松熙（김송희）表示，身爲獨自生活的人，她最大的恐懼是「成爲老後要去撿回收的老人」，而害怕變成貧窮獨居老人的單身者不只她一個人。雖然有程度上的

差異，但這是多數 Aging Solo 陷入不安時，至少會思考一次的憂慮。

KB金融經營研究所出版的〈二〇二〇年韓國單人戶報告〉中指出，單人戶最大的擔憂是未來能否持續進行經濟活動。儘管現在我們對生活的擔憂比起往年有所緩解，但對退休後生活的憂慮卻每年都在加劇。

●長久工作的方法

在 Aging Solo 中，有些人為了避免獨自生活卻連經濟都不穩定的情況，早早就轉做穩定的職業。金多任曾在婦女團體中做全職的工作，考慮到穩定性，她在四十歲時通過考試成為公務員。宋美英在三十歲辭去工作，重考大學入學考進入藥學大學。

為了準備轉往更穩定的職業，有些單身者無法承擔這期間收入中斷，就會去考取各種證照。李珠元擁有療養看護師與園藝治療師證照，並且正在準備考取社工師證照；姜美羅擁有社工師、保險規畫師、寵物管理師證照，在我採訪她的期間，她正在努力學習，打算考取韓語教師二級證照。雖然證照本身並無法保障未來，而她也沒有實際使用過，但她說：「證照當下可能無用，但感覺對前途茫然時，證照有助於提高我的自信，讓我知道自己完全可以用別的方式過活，告訴自己『我還有別條路』。」

幾乎所有接近退休的人都差不多，Aging Solo 也在尋找能長久工作的方法作爲養老的對策。自營業者崔恩珠表示：「離婚前，我認爲自己到六十歲就要退休了，但離婚後我改變了想法，我覺得應該工作到七十歲。」

「我錢賺得不多，也沒有能依靠的地方，因爲是自己賺，所以資產積累也會比兩人一起的速度還慢。環顧身邊，與我同齡獨自生活的女性，她們的職業大多不是大企業的正職員工，而更多是約聘員工、自營業者。因爲在大企業裡，女性頂多只會升到科長階層就結束，或者難以長期工作。不婚女性主要從事較不穩定的職業，這使得穩定性偏低，而且還必須更長時間地工作。」

金佳英因工會罷工在正職工作崗位上被解雇，在藝術界以約聘工作的方式工作著，她表示：「當我沒工作時，我總會感受到自己無法獨立生活的恐懼。」畢業於所謂名門大學的她說：「想用學歷找到其他工作雖然並非不可能，但我不想讓我的人生單純只奉獻在生存上。」即便經濟困難，她也不會離開自己喜愛的藝術界。

經營的公司倒閉，她有兩年多的時間沒工作做，這期間她每月會有一兩次的講座工作，並在媒體上投稿，每月以一百萬韓圓（約新台幣兩萬三千五百元）左右的收入過活。幸好她有父母和姊妹跟她分享小菜和米飯，生活費並不高。

「若在外地獨自生活，在沒有任何幫助的情況下我可能就無法生存。要經營獨自生活的人生，就必須加入一個不只有自己一人的網絡。」

她表示：「我正在過的日子是，永無止境的約聘工作生活，隨年齡增長，實際工作也越來越難，一直擔任負責人也是不現實的，因此我正在思考六十歲後可持續的賺錢方式。」她對結合藝術的移民二代教育非常感興趣，正在計畫考取韓語教師證照。

還有開始發展副業的 Aging Solo，她們追求不受單一工作束縛，是在多種工作間切換的「斜槓人」。在做目前工作的同時，吳熙珍也在煩惱當年紀再大一點時能做什麼，突然想起自己曾經的夢想，她曾想當一個能說五國語言的民宿主人，於是她開始在自己住的全租房裡提供住宿共享服務。

她的家很受歡迎，我也去過她家，空間很有美感，充滿房主喜歡的書籍，也透露出房主的精緻品味。

「提供住宿共享服務後，對晚年經濟感到焦慮的感受減少了。即使沒有全年開放預約住宿，每月也能賺一百萬韓圓以上。六十五歲後就會有國民年金和存了一點的個人年金，由於我是無房的獨居老人，所以也會拿到基礎年金，這樣老年的生活就可以過下去了。原本住宿共享服務只是爲了養老才開始做的，聽了那些來家裡住的年輕女性的故事，我在交流中感受到去了新世界旅行的樂趣。這算是意外的收穫，隨年齡增長，能維持這種交流的關係也是一種文化財產。」

搬到京畿道新市鎮後，姜美羅認爲只要離家近，就算領最低薪資也沒關係，於是她在求職網站上搜尋，偶然發現地方團體的招聘訊息後，她應徵進地方團體裡工作。雖然新工作的工資遠遠低於以前工作的公司，但她正努力在工作外的地方投資，創造額外收入。

投資經歷超過十年的她閱讀了近三百本財經相關書籍，還接受了一年半左右的專家課程教育。家裡的四億韓圓（約新台幣九百四十一萬四千元）債務她也沒向任何人伸手，而是靠自身力量償還。據說在找到現在的工作之前，她有兩年左右沒工作，多虧投資她才能順利地過活。她表示：「完全沒有想一次性賺大錢的想法，我的目標是老了以後每月透過股票賺三十萬韓圓（約新台幣七千零六十元）左右。」

「買股票是爲了防範老了以後沒人要再雇用我，如果透過股票能確保這點，再結合國民年金和公共機關的工作，那就不會是最糟糕的生活。」

● 消除對未來的過度焦慮

關於中年單人戶女性經濟方面的養老規畫，調查顯示越早想過單人戶生活的人，在經濟上的養老規畫準備就越充分[54]。不過，也有即使擔憂養老生活，卻乾脆不規畫的例子，因為當下生活困難，只能專注經營眼前的生活。

對於自己成爲超高齡者的情況，有些人搞不清楚自己該做什麼準備，因此感到很茫然。朴眞英表示：「沒有人需要我來撫養，所以我很自由，即便收入減少，只要減少開銷、降低居住水準，就能勉強生活。之後加上國民年金的補貼，還是可以過上一定水準的生活。」同時她也表示：「成爲超高齡者的情況實在太遠了，所以反而不會擔心。」

「就像十幾歲時無法想像中年生活一樣，四十年後的事讓人感覺不眞實，因此難以想像。如果走到退休年齡後又再活二、三十年或面臨重病的情況，對此雖然我沒有足夠的經濟準備，不過我覺得這種事個人又該如何準備呢？就算我現在轉換到薪水較高的工作，或增加儲蓄都不能解決問題啊。」

正如她所說的，成爲超高齡者的情況只是讓人感覺遙不可及，也無法確切知道要做多少準備。無論是誰都會在面對不確定的未來時感到焦慮，人類的壽命變長了，由於社會上的保障不足，對應措施是必要的。然而即便擁有穩定職業、已建立家庭的人也會擔心老年生活，對於養老的焦慮如滾雪球般襲來，像是必須擁有幾億韓圓的退休金才行的不安感，或是沒準備養老資金退休生活就會過得很慘的緊張感，我認爲在金融機構的行銷與媒體的推波助瀾下，這樣的焦慮也越發嚴重。

崔惠媛也提到社會上對養老的過度誇張恐懼，她常懷疑這種擔憂是否太嚴重了。

「我們並非一夜間如晴天霹靂般變成老人，或生活在一夕之間發生巨大變化。我已經過著約聘員工的不婚生活，我認爲我退休後的生活也會和現在的生活差不多。當然，退休後的條件應該會變得比較差，但到目前爲止，就算收入不穩定，也沒有什麼關係能依靠，我還是一直以各種方式走過來了。基於過去的生活基礎，我認爲往後只要繼續以這種方式生活下去就可以了。」

也許無論遇到什麼情況，準備好能夠應對的體力和態度更重要。爲應對經濟資源和體力都低下的老年生活，姜美羅最近特地進行了「生活不便訓練」。原本開車五分鐘就能到超市，她會步行二十分鐘過去，只買雙手能提得回來的東西回家，不使用凌晨的宅配服務或食物外送服務。

她表示，以前對於成爲貧窮的獨居老人，她感到非常害怕，但在四十歲出頭時，職場上一位後輩的話改變了她的想法。

「雖然後輩的工作表現出色，人也很聰明，但她太喜歡喝啤酒，跟父母一起生活的她會把寶特瓶裝啤酒藏在衣櫃裡喝。我勸她不要這樣，她的回答超厲害。她說：『我眞的很喜歡啤酒，工作很有趣，男人也很棒，但還是啤酒最棒。只要能喝到啤酒，就算去撿回收又怎樣？撿完回收回家喝我喜歡的啤酒就好了。』」

雖然這番言論可能是年輕朋友稚氣未脫的話，但姜美羅卻發現：「啊，原來還可以這樣想啊！」她有點驚訝，然後又覺得：「好像確實是如此，窮又

怎麼樣？若能做自己喜歡的事，錢是怎麼賺的有什麼大不了的呢？」她還提到崔恩英（최은영）的小說《明亮的夜》（밝은 밤），小說中的奶奶也有相似的故事。

「小說中奶奶獨自在鄉下生活，她一邊打零工賺錢一邊過著自己的生活。雖然不富裕，但她偶爾也會出去玩，生活過得比年輕的主角還要悠閒，思維也非常開放。雖然我老了也不會很有錢，但至少能活得跟《明亮的夜》裡的老奶奶差不多吧？」

●獨自生活並非弱勢階層

韓國即將進入超高齡社會，鮮少人在想到老年生活時可以毫無擔憂。二十多年前當我還是一名記者時，百歲人瑞相當罕見，這種消息就足以成爲一篇新聞，然而現在這也不是罕見的事了。現實並非無病長壽，而是有病長壽，而且漫長的歲月也需要更多的花費，考慮到這些情況，長命百歲並非祝福，反而像是不祥的預言一樣令人不悅。

某天我和後輩一起吃飯，後輩已婚，伴侶跟她一樣都是律師。當天的談話結尾，她輕描淡寫地說：「一想到老年生活，我就很焦慮。」聽到她這麼說我有點嚇到。即便有穩定職業與配偶，也很難擺脫對晚年生活的不安，因爲焦慮感是相對的，可能會透過比較而增加。我曾遇到一位Aging Solo，即使她收入較高，她仍坦言：「沒存款又沒房產，所以一想到老年生活就很不安。」

整體單人戶所處的經濟狀況不太好，據統計廳二〇二二年六月發表的〈二〇二一年下半年各地區受雇調查——雙薪家庭及單人戶受雇現狀〉（2021년 하반기 지역별 고용조사 맞벌이 가구 및 1인 가구 고용현황）顯示，二〇二一年有工作的單人戶以史上最大幅度增加，就業中的人口有四百一十四萬人，但十人中有三人（二八．五％）月薪不足兩百萬韓圓（約新台幣四萬七千元）。這些低收入群體，大多是剛獨立的年輕人與喪偶的老年人。

月收入超過兩百萬韓圓，就相當於OECD標準的中產階層。OECD把中產階層定義爲「收入大於所得中位數的四分之三，並小於所得中位數的兩倍」，意思就是，並非很富裕，也不會生活得很艱難，是具一般經濟實力的

人。民間研究所 Lab2050 的前代表李元宰（이원재），依照此標準計算三十多年來中產階層變動的情況，他表示，二〇二二年第一季，單人戶每月收入爲兩百萬到五百四十萬韓圓（約新台幣四萬七千元到十二萬七千元）（四人家庭爲四百萬到一千萬韓圓，約新台幣九萬四千元到二十三萬五千元），相當於中產階層。感覺金額範圍有點廣，但據說相應的人也在持續減少。[55]

我採訪的十九位 Aging Solo 中，有三分之二左右依此標準進入了中產階級的範圍。不過交談後發現，她們對未來的經濟焦慮並不受收入影響，更重要的標準是居住的穩定性。

後續我們會另外討論居住問題，但在此要先說，有條件能長期居住在社會住宅的人，或即使是住全租房的人，他們與無房的高收入者相比，都對未來具更穩定的展望，擁有小公寓的人就更不用說了。這就是爲什麼我們必須確保所有人都有權利住進品質優良的房子。

社會經常把單人戶改稱爲「弱勢群體」，但獨自生活本身並非弱勢，而且本來就沒有特定的弱勢群體。隨人生狀態起伏，若不幸遭受連續挫折，除極少數人外，大家都可能突然變得脆弱。

吳熙珍表示：「對我而言，撿回收的老奶奶生活並沒有離我很遠，我不認爲她的生活不可能發生在我身上。」

> 「糊里糊塗過日子的人，某天也可能會突然因意想不到的疾病，而成爲弱勢群體，也有可能面臨經濟上的恐慌，就像一九九七年ＩＭＦ外匯危機時，我們目睹中產階級的人們瞬間沒落一樣。覺得撿回收老奶奶的生活跟自己無關的人很奇怪，怎麼能如此肯定自己永遠不會成爲弱勢群體呢？爲了防止人們跌落，就需要有雙能抓住他們的手，因此我認爲國家的作用非常重要。」

老年貧困不只是單身老年人的未來問題。韓國老人的相對貧困程度在ＯＥＣＤ國家中屬程度最高的，因爲老人能領取的國民年金不足，還有很大一部分有子女的老人長期需負擔兒女昂貴的教育費。在貧窮的老人中，獨居於非首都圈的女性老人最爲貧窮[56]。相較於年輕時就獨自生活的女性老人，一輩子只照顧家人，未受教育或不曾有過工作機會的已婚女性，她們在配偶過世後容易面臨更大的困難。一輩子都無法爲自己積累收入與資產的獨居女性老人，她們的貧困會導致就算生病也沒辦法去醫院，因無法獲得適當照顧而過得痛苦。爲了不要陷入惡劣的情況，爲了不要陷入獨居生活「年齡、性別、貧困」的三重陷阱中，撐起我們的應該是政府的角色。如果能看到政府履行其職能，也許就能撫慰到不曉得自己是否會成爲貧窮獨居老人的 Aging Solo 們。

2. 要住在哪裡呢？

金多任兩年前和朋友一起存錢買了公寓，由於金多任的個人經濟情況不足，她暫時以全租的方式入住朋友名下的房子，但兩人明確表示這間房是共同持有的住宅，並計畫會馬上改成共同持有。

兩人之所以一起買公寓，是因爲金多任的朋友長期過著上班的生活，想擺脫租房的日子，於是便開始找要住的房子。可動用的資金只能買到又小又舊的房子，朋友因此而感到沮喪，當時金多任提議用自己的全租金來補貼，如此一來就能找更好的房子，於是兩人就一起買房了。

「讀完《兩個女人住一起：非關愛情的同居時代》，我受到了很大的影響。我發現就算不結婚，也能和朋友一起存錢買房子。」

之所以能如此果斷做決定，是因爲她長年的租房經驗。

「在二十幾歲的後半段時我從家裡獨立出來，和朋友找到半地下的全租房，工作存錢後再搬到居住環境更好的全租房，就這樣度過反覆搬家的歲月。每次搬家和確認是否能買房時，全租房的費用和房價都在上漲。一直沒有足夠的錢買房子，所以對我來說買房是天方夜譚。要是這次沒有決定和朋友一起買房，那買房就還是不可能的事情。」

我見到的 Aging Solo 們異口同聲地表示，在不婚生活中最重要的就是居住穩定性。面對現實的不安以及展望未來並計畫的視野，最大的影響因素不是收入與工作，而是居住的穩定性。

二〇一二年離婚後，金佳英用與前配偶財產分割後的錢在首都圈買了一棟小房子。

「身爲工作不穩定的約聘員工，對我來說最重要的問題是在守住最低尊嚴與自尊心的情況下，如何不對他人伸手依賴。能保障這件事的就是房子，有了房子，就算眞的沒工作，我還可以用這間房來抵押，開始創業或做其他事情，這樣就擁有一條心理上的防線了。」

她把首都圈的房子租出去，由於公司位於江原道的某個小都市，於是她便在那附近租全租房住。首都圈的租金比江原道貴，就算在江原道租了比自家房子更寬敞的全租房還是會有結餘。她說：「以後好像也能這樣生活。」並嘆氣道：「一個人生活沒房子住會很害怕，不過在韓國是很難解決單身居住問題的，這眞的是件大事。」

幾乎所有韓國人都想要「買一間自己的房子」，這對多數單人戶而言是相當遙遠的事。據統計廳的〈從二〇二二年統計看單人戶〉（2022 통계로 보는 1인 가구）顯示，單人戶的居住型態中，以月租型占了最多，占了四二．三％，其後依序爲自有住宅的三四．三％，全租房的一七．五％。整體家庭的自有住宅比重爲五七％，與此相比，單人戶自有住宅的比例較低。我遇到的十九位 Aging Solo 中，有五人有自己的房子，比單人戶的平均值還稍微低了一點。

單人戶中每三人中就有一人擁房的整體統計結果，如果區分性別來看，情況也大不相同。池恩淑博士透過首爾市二〇一七年發行的成人居住統計資料，推測出四十到五十多歲不婚女性居住狀況的指標，其內容如下：

根據性別區分的住房型態來看，女性户主按月租、自有、全租的順序排列，而男性户主則是按自有、全租、月租的順序排列，自有比例超過五〇%。另外，女性户主在二十到五十多歲區間以月租形式居住的情況較多，只有六十歲以上自有比例較高。相反地，男性只有二十多歲的人月租比例最高，三十多歲是全租比例最高，四十到六十多歲時則是自有比例較高。居住型態上，住在公寓的男性户主比女性户主的比例還高很多。這種居住狀況中出現的性別差異，首先是反映了性別間生平總收入的差距，但在另一方面，也是因爲在女性户主中單人户占了多數。單人户的居住貧困問題加深了性別間的居住差距。[57]

綜合此分析與前面引用的統計廳的全部統計結果，自有住宅的單人戶大部分都是男性或喪偶的六十歲以上女性，而多數四十到五十歲女性單人戶可能正在經歷居住貧困的狀況。池博士提出她對此狀況的診斷：「在單人戶這種家庭型態中出現的歧視裡，性別歧視與年齡歧視相互交疊，韓國住房結構的梯子已經斷裂，在『斷梯最底層』的便是中年女性單人戶。」

●制度與面積的不公平待遇

即使不購買房子，也應該爲中年的單人戶提供可確保的居住穩定性，然而，仔細觀察政府的住宅供應制度，我們很難找到適合 Aging Solo 的制度。

首先，在韓國的房屋認購制度中，民間房屋的買房優惠依據撫養家屬人數增加認購資格的分數，占了非常重要的部分*。因此，單人戶一輩子都難以入手房子，即使到中年也幾乎不可能在首爾市和首都圈，用房屋認購制度買到房子。我遇到的 Aging Solo 中，多數人都持有房屋認購制度所需的存摺，卻沒有

* 譯註：韓國房屋認購制度，是讓一般人能優惠買房的制度。打算買房的人會先開買房基金帳戶，每月存錢存到一定的金額就可以參加抽籤，以便宜價格買房。爲了讓無房者能優先買房，加入分數制評斷誰比較有資格認購，其中一個項目是認購者的撫養人數。

人用該存摺買到房子。

那政府補助的租賃住宅呢？雖然有爲最低收入階層準備的永久租賃住宅，有爲青年與社會新鮮人、新婚夫婦準備的幸福住宅，還有高齡者優先的國民租賃住宅等，但沒有一個 Aging Solo 適用的方案。因爲他們並非社會新鮮人、青年、新婚夫婦、高齡者，所以資格條件不符合。

部分公共租賃公寓並非採用認購制度的加分方式，而是以申請次數來評分，中年單人戶也可以申請。姜美羅於二〇一二年申請入住期限十年的京畿道公共租賃公寓後，居住了六年左右提早把房子買下成爲了有房一族。

「國民租賃或永久租賃住宅，對中年在職的單身者而言可以說是看得到吃不到，但單身者可以申請公共租賃住宅。十年前我申請時，還有很多未出售的房子。我甚至在同一天內就申請了兩個京畿道公共租賃公寓，而且還兩個都通過了！以前我月繳二十八萬韓圓（約新台幣六千六百元）的房租，第六年因爲提前購屋，獲得住房的抵押貸款，成功擁有了房子。雖然在韓國生活的所有人都是如此，但越是需要獨自賺錢的單身者，居住穩定對生活滿意度的影響就越大。即使現在有點辛苦，我也不會因爲有固定住房支出就感到很不安。」

姜美羅算是少數運氣好的人。聽說目前這類型的房屋競爭也變得相當激烈，認購儲蓄繳納次數至少要超過兩百次才能申請。

另一個問題是收入。雖然根據租賃公寓類型上的不同，收入標準也會略有不同，但有在工作賺錢的 Aging Solo 很難申請最低收入階層的永久租賃住宅，其他類型的住房，稅前年薪超過四千萬韓圓（約新台幣九十四萬元）也很難申請。無論標準怎麼調整，只要年薪稍微漲一點就不能住，因此租賃住宅也不是穩定的居住方案。

公共補助的民間租賃住宅能以比市價低廉的租金租房，最多可居住八到十年，這種住宅的一般供應是沒有收入條件的。雖然有工作賺錢的 Aging Solo 也可以申請，但這樣的機會並不多。

不僅是住宅供應制度部分，在數量激增的小型公寓、都市型生活住宅、單室套房等主要以單人戶爲對象的住宅中，對於居住面積的標準，忽視單人戶的現象仍舊存在。

韓國住宅法規定，單人戶最低居住面積爲十四平方公尺（四．二坪），明顯比主要已開發國家小了很多。日本的最低面積標準是二十五平方公尺（七．六坪），英國是三十八平方公尺（十一．五坪）。國土部調查了單人戶青年住房的實際面積，結果顯示，從二〇〇六年的二十六．二平方公尺，增加到二〇一九年的三十二．九平方公尺。儘管如此，公共住宅仍然按照法定最小面積標準建造。58

無論是否是青年，都不表示單人戶就要忍受狹小而惡劣的居住環境。每個人都需要一個能在家中移動的空間，根據功能的不同，至少要有一個分離的房間。

池恩淑博士在研究日本的不婚者時認識了一個人，她居住在基本坪數約七、八坪的高齡者租賃住宅裡，池博士傳達了租屋者說過的一段話。

「住在這種地方很難邀請客人，邀客人、家人或朋友來時，爲了讓客人能睡一晚，臥室和客廳就需要分開。這樣的話，我認爲單人户的房子至少也要超過十坪。」

土地住宅研究院計算出單人戶家庭租賃公寓的合適大小爲三十二．六平方公尺（九．九坪）[59]。至少應確保符合此標準，以達成最小住宅面積標準現實化。

●確保居住穩定性的各種方法

由於社會上的所有資源與人都集中在首都圈，離開首都圈的大城市，居住狀況也會發生變化。之前介紹的全州不婚女性共同體——非飛會員們，她們居住在能住五十年的公共租賃公寓裡，入住競爭不像首都圈那麼激烈，因此她們才能聚在一起建立網絡並共同生活。

吳熙珍也認爲，如果不堅持一定要住在首爾和首都圈，她的選擇範圍會更廣。在首爾住全租房的她表示，自己對於房子的看法不太一樣。

「雖然有房會帶來安全感，但對我而言，擁房帶來的壓力更大。我想自由生活一輩子，一旦在某處買了房，就會有被綁住的感覺。想到我有足夠買房的現金感覺就很好了，所以不能說我沒有物欲，而是對房屋的看法不同。」

她表示自己雖喜歡現在住的全租房，但如果出現非得要搬家的情況，她就會換地區住，同時她也提到了很久以前在《韓民族日報》（한겨레）上讀過的文章，是專欄作家金善珠（김선주）所撰寫的「一百公里後退論」。

「文章中作者表示，上了年紀後，以首爾爲中心往外退一百公里，就可以找到能輕鬆生活的居住地。我認爲不一定要一百公里，只要離開首爾生活就可以辦到了。我不是非得在首爾謀生的人，考慮到青年們，我認爲像我這種超過五十歲的人應該離開首爾。而且全國還有好多空屋，不管是非首都圈的全租房還是閒置空房，只要租下來再改成符合自身喜好的房子就可以了。我認爲，只要還有租全租房的錢、有這筆錢可以轉移的空間，就算我再老，也沒理由不能繼續保持這種生活方式。」

若人還在首都圈工作就需要每天通勤，還未退休的 Aging Solo 很難立即實行這個方案，但離開首爾與首都圈生活，是包括我自己以及我所見到的多名Aging Solo 所夢想的養老居住方案之一。

同時，在父母家中共同生活並負責照顧父母的 Aging Solo 則認爲，將來從父母那繼承房子是確保未來居住穩定性的方法。

和母親一起生活的崔恩珠預測說：「如果繼續以現在的型態生活下去，媽媽的房子以後應該就會是我的吧？」

「媽媽確實說過要把房子留給弟弟，因爲在我剛開始創業時，她給了我一筆錢，並提供在美國生活的妹妹留學學費。但弟妹們很感謝我負責照顧生病的媽媽，而且弟弟有自己的家庭且經濟富裕，應該沒有非得要拿到媽媽的房子。況且因爲我沒有孩子，就算我繼承了媽媽的房子，死後遺產也會留給弟弟的兒子。雖然弟弟不會如此精算，但要是他想到這個情況，應該就不會反對我繼承媽媽的房子。要是我老了以後能有一間自己生活的房子，我只要減少一點生活開銷就夠了吧。」

雖然崔恩珠對房子的繼承問題持樂觀態度，但負責照顧父母的 Aging Solo 因房屋繼承問題與手足發生衝突的情況也時有所聞。和母親一起生活的高恩熙表示，哥哥突然表示要賣掉媽媽的房子，引起了一場紛爭，讓她和哥哥的關係就此疏遠了。

「哥哥明明有自己名下的房子，卻突然跑出來說：『賣掉媽媽的房子，媽媽和妳拿走你們的份然後再分給弟弟，這樣我還能要多少錢？』媽媽明明就還住在那間房子裡，說這話到底是什麼意思？於是家裡就亂成了一團。我的朋友們，有錢的人過有錢的樣子，沒錢的就過沒錢的樣子，但不管怎樣都時常會因父母的財產而和手足不和。如果以後沒繼承媽媽的房子，我就沒有養老的居住方案了，雖然我討厭衝突，但我也不能退縮。」

● 建立緊密聯繫的生活方式

要住在哪裡不僅是空間問題，非飛從二〇一〇年開始不斷認識不婚女性，面對各自人生的主要苦惱，非飛的人們表示：「許多情況下，人生的終點與解方就是穩定的住居。」

她們所說的居住權並非擁有的問題，而是具備三個要件的權利：「能建立共鳴的友情、能守護彼此安全的鄰居，能擁有大小適當且不必擔心需要突然搬遷的房子。」這三項權利是「不婚女性所期盼的居住權」。[60]

也就是說，居住穩定性與關係是不婚女性居住權的核心，我和 Aging Solo 交談時發現，很多人希望能和朋友或鄰居住近一點。不過，每個人想要的型態與方式都不一樣。

吳熙珍表示：「我夢想著，年紀大了以後，能和志同道合的不婚朋友一起共享一個庭院，共同生活。」

「我有一個夢想，那就是要離開首爾，在離大自然很近的地方，以院子爲中心打造十坪或二十坪的小木屋，把大家聚在一起生活。房子要各自獨立，因爲大家都獨自生活一輩子了，缺少與人共處的經驗，很容易會相互摩擦，因此獨立空間是必要的。取而代之的是，希望有個大家能聚在一起吃飯或看電影的空間，一起打理院子、在菜園裡種菜。如果有人去旅遊，其他人就會幫忙照顧寵物貓；如果有人生病，其他人就會替他熬粥。雖然自己買地蓋房子很難，但幾個人聚在一起應該就辦得到吧？在空間上體現相互照顧的生活就是我夢想的未來。」

鄭秀京也說自己的夢想是「將不婚女性聚集在一起，組成一起變老的居住共同體」，同時她說道：「我有個想法，想要把不婚女性共同居住的這件事事業化。」

聽了她的這番話，我想到某天我聽了一位建築師對於社會公共住宅的演講。幾年前，我對共同生活的共同體住宅產生了興趣，曾參加過某住宅消費者合作社成員的招募說明會。建築師的演講結束後，我問了他對於不婚女性聚居生活的共同住宅有什麼看法，建築師表示不推薦，他說：「屬性類似的人聚在一起並不理想，因爲只有各式各樣的人聚在一起，才能組成共同體。」

與鄭秀京對話的過程中，我突然想起了這句話，於是我就告訴鄭秀京這句話，她說：「我不同意不婚女性都很類似的前提。」

「年齡層不同，階級也不同，喜好和才能也都不一樣，覺得不婚女性都一樣的想法是不對的。也許那位建築師之所以會這麼說，是因爲他所想像的理想共同體生活模式是像一個大家庭一樣吧？」

或許如此吧。另一方面，有些人則和鄭秀京相反，認爲不婚女性聚在一起生活是一種壓力。金佳英說：「若是非常要好的朋友還有點可能，不過，我不想和陌生人共同居住，就算是價值觀相似的不婚女性我也不要。」

「雖然我也喜歡同性的朋友，但我對全女性環境下形成的關係感到有些恐懼。因爲我曾經在只由女性組成的組織中工作過，當時的經驗很辛苦。可能是因爲我從大學開始就生活在以男性爲主的社會裡，女性之間的衝突是很尷尬的，我不想要在居住空間裡經歷這種情況。」

她認爲，比起共享住宅或共同體住宅，認識多年的鄰居一起住在一個社區更爲重要。

「就拿我的父母來說，他們過了很久以教堂爲中心的生活，鄰居們彼此能毫無障礙地互相拜託與分享。我認爲這種鄰居很重要。相較於在同一個空間建立共同體，我反而覺得即使獨自生活還是要有相識的鄰居，這對生活品質來說應該是更重要的。」

朴眞英也認爲共同住宅在節約資源方面很有吸引力，但她並不想要類似共同體住宅的這種生活方式。

「無論是共同投資還是共同擁有，或是爲了管理而時常需要緊密的協商，這種共同居住方式應該很難，需要操心很多事情，個人之間的距離也會變窄。若不是以這種方式居住，而是在某公司持有的建物裡各自以消費者身分使用其中一間房，或是親近的人就住近一點的話，這種程度的緊密我覺得很好。我不希望距離再拉近，這會讓我無法維持私人的邊界。」

我曾短暫窺探了一下共同體住宅，我覺得自己不適合這種生活模式，於是就對這件事不感興趣了。後來我讀了《我的房子，我們的房子》（*My House Our House: Living Far Better for Far Less in a Cooperative Household*），這本書介紹了三位女性的共同居住實驗，而我則測驗了書中所說的共同居住適合度。測驗中舉了共同居住者間可能發生的各種衝突事例，並問我該如何適當應對，而我每看到一個問題就會聯想到壓力爆表的場面。

這本書的作者們解釋，「一、正面面對問題。二、克制情緒、敞開心扉，以坦率的態度討論。三、要全盤考量自己與他人再做出艱難的決定。四、要能夠毫不生氣地接受並實踐以民主方式決定的事項。」能做到以上幾點才是適合共同居住的人。即便不是共同居住，這些美德幾乎適用於所有親密關係。雖然很傷自尊心，但我必須承認我並不是這樣的人。

現在失望還爲時過早，二〇二一年，我搬到一個可步行上山的房子住，這附近已經住了一位不婚女性前輩和朋友了。我長期以來享受著大城市裡個人的隱形生活，雖然現在也是如此，但搬家後我逐漸感受到鄰里中有熟識鄰居的優點。

天氣好或想在夕陽下喝杯啤酒時，我就會走去和住附近的前輩與朋友見面，一起散步、一起吃飯。某年的最後一天我邀請她們來我家吃晚飯。要出國徒步旅行前，我抱怨身上前後都得背背包，住附近的前輩就開車送我去搭機場捷運。雖然我急性腰痛臥床不起時並沒有拜託她們幫過忙，但有了打通電話就能馬上跑過來的人在身邊，就讓我感到很安心。夏天想吃西瓜覺得吃一整顆太大，但切好包著保鮮膜的西瓜在衛生方面也有疑慮，所以我都會很猶豫。現在有住附近的朋友，就沒有必要在西瓜面前猶豫了。因爲各自的工作節奏不同，見面不頻繁，但有我喜歡的前輩和朋友住在附近，這讓我覺得原本不怎麼特別的鄰里變得更親切了。

目前的我樂於參與並有想連結的距離大概就是這種程度。即便以後再搬家，我應該也會選擇有朋友或姊妹當鄰居的鄰里。因爲和親近的鄰居維持鬆散關係，也會爲獨自生活的人帶來一定的安全感，而這個經驗我已經體驗過了。說不定隨著關係的積累，某天我重做那個之前讓我挫敗的適性測驗，我也會是一個保有美德的人。

3. Aging Solo與父母照護

和中年的同齡朋友見面時，我們最常談論的話題就是照顧父母。朋友中，五人就有一人正在照顧因老化而逐漸凋零生病的父母。

健康的父親在二〇一九年突然暈倒，於是我也開始照顧起父母了。父親突然發病引發了認知障礙，照顧嚴重認知障礙的老人可謂是二十四小時的工作。在家照顧父親時，一整天幾乎耗盡全身心的力氣，累得筋疲力盡，難以入睡。病人的痛似乎凌晨會更加嚴重，凌晨三、四點，照顧者會因爲病人的呻吟聲而一起從淺層睡眠中驚醒。

某天，坐在父親入住醫院的監護人床上環視病房，我突然意識到年邁老人的監護人幾乎都是年長的女性。我做了短暫的看護工作，就讓我感到看護這件工作應該由肌肉發達的人來做。因爲難以自行移動身體的患者要完全依靠監護人，體重再輕的人在這種情況下也會讓人覺得他重達千斤。護理師與療養看護師們最常抱怨的職業傷害就是骨骼肌肉方面的疾病，這也是可以理解的。坐在病房裡的我心想，爲什麼都是由上了年紀的女性全權負責這件辛苦的工作呢？

我的心情變得相當複雜，即使薪資漲了很多，照顧的工作仍被認爲是雜活，固有的觀念還是覺得這是女性的工作，這個現實不禁讓我深感哀傷。

與熟人交談時，最近經常感覺到照顧父母的責任從媳婦身上轉移到了女兒身上。不管是媳婦還是女兒，雖然我對女性全權負責這件事仍感到不滿，然而過去只因爲妳是女性就有義務照顧沒有共同回憶與感情的公婆，這個壞習慣正在逐漸消失，對此我是感到慶幸的。

在日本，這種變化是二〇〇〇年開始的。從池恩淑博士的學術論文[61]中，二〇〇三年日本內閣府做的輿論調查結果顯示，高齡者希望的理想照顧者順序，第一名是配偶，第二名是女兒，第三是兒子，媳婦並沒有登上這個排行榜。

韓國也開始發生變化。報導指出保健福祉部的〈老人現狀調查〉（노인실태조사）結果顯示，照顧難以獨立生活的父母（或配偶）的家庭中，大媳婦的比例從二〇一一年的一二．三%減少到二〇二〇年的一〇．七%，小媳婦的比例從三．八%減少到一．八%，同時，女兒從一〇．三%大幅增加到一八．八%。十多年前，主要負責照護的人依序爲配偶、媳婦、兒子、女兒，到二〇

二〇年，依次改爲配偶、女兒、兒子、媳婦。[62]

●負責照顧父母的不婚女兒們

尤其當兒女中有個女兒不婚的話，不婚女兒專責照顧父母的情況很常見。在日本甚至流傳著「過了適婚年齡，就進入適合照顧人的年齡」的說法。日本的山村基毅寫了一本報導文學書籍《我獨自照顧父母》（ルポ 介護獨身），內容是單身子女照顧父母的情況，他認爲：「這是超高齡社會中晚婚和不婚化的結果。」如果超高齡父母的子女沒有透過婚姻組建自身家庭的話，那他們就將承擔父母的照顧責任，有時是被強迫的，有時是自願選擇照顧父母。

不婚被認爲是原生家庭裡多餘的勞動力，已婚的兄弟姐妹離開了原生家庭，而他們則留下來負責各種家務並看護父母，這無論在東西方都有悠久的歷史。根據蕾貝卡・特萊斯特（Rebecca Traister）的著作《單身女性的時代》（*All the Single Ladies*），十九世紀美國牧師喬治・伯納普（George Washington Burnap）寫道：「夫妻一起走入社會享受人生樂趣時，家庭成員因陷入快樂情緒與無知中而忘掉了家務，單身女性此時就會承擔所有家務的義務，同時也要守護在痛苦、疾病和死亡的床邊。」作者在引用完這段話後表示這眞的令她嘆息。

在韓國，不婚的女兒負責照顧父母的情況也呈現增加趨勢。最近聽一位認識的朋友表示，他所經營的公司裡有一位不婚中年女性，她一直負責獨自照顧父母，但由於雙親狀態惡化只能轉換成鐘點工。爲了照顧父母，她取得了療養看護師的證照，在沒有其他人的幫助下，獨自照顧父母。

我所採訪的十九位 Aging Solo 中，就有五人要負責照顧父母和家人。我只是隨機採訪四十歲以上的不婚女性而已，如果我限縮採訪對象爲雙親都還在世的人，那這個比例應該會更高。

和父母一起生活的金智賢說自己是「母親在家的官方看護人」，從她二十九歲時母親就開始生病了，經過多次抗癌治療，如今她母親完全無法行動，溝通也很困難。金智賢一直堅持上班到三十幾歲的中段左右，晚上下班就去母親住院的醫院，然後隔天再從醫院出發去上班，持續過著這樣的生活。即使父親還在，照顧母親也是她的責任。雖然現在有請一位看護幫忙，讓她放下親自照顧的責任，但周末時母親仍然是由她來照顧。她表示，照顧費用是和弟弟共同分擔的，但花費多的時候，一個月可能還要一千萬韓圓（約新台幣二十三萬五千元）。

「由我專責照顧母親，以前我對此感到很委屈。三十五歲左右，弟弟妹妹們都結婚了，他們理所當然地認爲節日時我也應該負責照顧媽媽，我很討厭他們那麼理所當然地這樣想。住在國外的弟弟還會給錢，但妹妹卻以她有孩子要養爲理由，裝作不曉得母親需要看護，幾乎到要斷絕關係的程度。幾年前連父親都住院了，父母兩人都需要人照顧，妹妹卻以孩子爲藉口不幫忙。」

因爲懷著委屈的心情無法長期忍受照顧的辛勞，所以她說她也曾經感到無奈並努力釋懷。雖然現在依然是獨自照顧的狀態，但是金智賢說：「因爲和病魔纏鬥的歲月很長，現在我的存在變成了『媽媽的媽媽』，我照顧媽媽是因爲她對我來說是非常特別的人，我不會覺得委屈。」

「在照顧媽媽的過程中，我變堅強了。雖然一個人時我常常哭，但不管發生什麼困難，我都會產生『還能怎麼辦，總要經歷過啊』的心態。副作用是，我對某些裝病的人無法產生共鳴，看到因小事就說自己生病的人，我應該假裝深有同感，但這方面我做得不太好。」

照顧母親並和母親同住的李珠元說：「有時候我會懷疑自己是不是因爲照顧父母而無法獨立。」

除了在京畿道的公司附近獨自生活三年多以外，她一直都是和父母共同生活。獨自生活的套房太小，讓她感覺很悶，但用自己的錢卻又找不到大一點的房子，於是就回了老家。雖然她也想再離家住，但隨著父母年歲漸增，照顧的需求越來越大，就又變得很難出去了。

「因爲對大空間的渴望與對經濟不穩定感到焦慮，所以沒能搬出去住，與其說是被誰困住了，不如說是我自己無法做出決斷。對於仍然無法獨立，我感到有些慚愧。」

與父母一起生活的時間越長，她就感到父母對自己的依賴程度越來越高。雖然母親生病了，但相對健康的父親卻對照顧母親一事漠不關心。李珠元說：「『上了年紀需要有人互相照顧，所以就結婚吧！』我覺得這種說法的前提完全是站在男性的立場上。看到我父親的模樣，我開始懷疑即使有丈夫，在我生病時是否會照顧我。」

她向家人表示照顧母親的工作有分擔的必要，經過討論後，雖然她和其他手足共同照顧母親，但母親的頭號監護人仍然是不婚的她。她表示：「這可能是因爲自組家庭的人似乎認定自己的家庭更爲重要，而沒自組家庭的不婚者則會一直被視爲與原生家庭綁在一起。」

Aging Solo 獨自照顧父母，和父母一起生活，還要受手足們指責他們是依靠父母過活的。高恩熙表示，因爲手足的這種看法而經常發生衝突。

「哥哥一直不是很喜歡我和父母一起生活，他好像覺得我一輩子都很隨心所欲，以自己爲中心在過活，上了年紀就依靠在媽媽身上。最近爸爸去世後，他好像承認了是我在照顧媽媽，但他的內心基本上還是在想著：『妳沒結婚，都依照自己的想法過生活，這段時間妳讓媽媽操碎了心。』」

●照顧家庭與看護的泥淖

在原生家庭缺乏資源的情況下，有些 Aging Solo 不僅要照顧父母，有時連手足都要獨自照顧。姜美羅的兄弟姊妹都未婚，有的有身心障礙，有的大病纏身。本來她有個哥哥在照顧生病的姊姊，不過哥哥最近也生了場大病正在接受治療。

「父親早逝、母親年邁，照顧我們幾位手足的事就是我們自己的責任了。其中，經濟上的責任主要由我來承擔，醫藥費都由我來支付，爲了辦住院手續和制定看護的方式，我每月要往返故鄉兩三次，甚至還因爲太累而有失眠症狀，治療結束時哥哥暈倒了，在那之後的三年多間，是最糟糕的時期。」

雖然這是一場無法預測的家庭災難，但對她而言，困難的事並不代表只有悲傷的經歷，透過照顧家人，她自己也有所改變。

「雖然我是家裡的老么，但感覺我一直都是權力掌握者。我就像冷漠的丈夫一樣，對姊姊和哥哥說：『我，因爲你們的關係，賺錢賺得很辛苦。』然而，當我看到哥哥照顧姊姊的樣子，我感到相當驚訝，這是我第一次尊敬哥哥。哥哥在上大學時參與學運，之後爲了投身勞工運動而僞裝在工廠就業。小時候我認爲『參與學生運動的人，就是決心要毀掉自己人生的人』。不參與勞工運動後，哥哥經營了小本生意，結果還是不太順利。然而，他看到姊姊生病就二話不說地照顧起姊姊，於是我開始對他刮目相看，感到有些心酸。在相互幫助的過程中，我覺得這場災難並不是最糟糕的。儘管這種事一輩子最好都不要發生，但我認爲不管是誰，只要年紀大了都要經歷照顧的課題，而我只是經歷了特別強烈的課題而已。」

如果兄弟姊妹感情好的話，反而會減輕照顧的負擔，雖然這種情況很罕見。金佳英說：「照顧父母的工作姊姊和妹妹做得比我多，反而因爲我是隻身一人，所以已婚成家的姊姊和妹妹好像都很小心，不想讓我獨自承受照顧父母的責任。」

「如果父母兩人其中一位先過世的話，我的姊姊和妹妹都認爲，自己應該會照顧留下來的那個人，並一起生活。雖然我也不知道會怎麼樣，但是不管是誰，只要是一個人獨自照顧，生活就會變得非常疲憊。我樂觀地認爲，姊妹們不管怎樣都能彼此分攤責任。」

在我採訪的 Aging Solo 中，雖然沒有人因爲照顧長輩而被孤立或失去工作，但是在獨自照顧父母時，很多 Aging Solo 連自身的情況也變艱難了。

翰林大學社會福祉系教授石在恩（석재은）研究了不婚女兒對父母的照顧，她在論文[63]中表示：「在家人之中有人必須負責照顧的情況下，透過個人的選擇與決定，相對能輕鬆負責照顧的人就是不婚的女兒。」根據大家的說法，不婚女性接受了照顧者的角色，然而石在恩判斷：「在這個過程中，不婚女性自然而然地成爲獨自照顧的角色，無法掙脫照顧痛苦的泥淖。」在她的

研究中，不婚女性因獨自照顧他人的辛苦得不到認可而感到受傷，也常發生工作無法兼顧而不得不辭職的情況。在這個過程中，提供照顧的人經濟狀況變得艱難，她們自己的老年生活也被忽略了。

在《我獨自照顧父母》中，關於負責照顧父母的單身者，作者認爲他們最大的問題是孤立感。所謂的「寄生單身」，就是像寄生蟲一樣依附在父母身上生活的狀態，他們需要忍受負面的眼光，同時也在照顧父母時經歷重重的衝突，再加上他們的社會生活中斷，甚至無法向任何人傾訴痛苦。而且，一旦因爲照顧的重擔而辭職，之後就很難復職了。

● 照顧不是女性的專職，而是大家的責任

最近認爲應該由家人全權負責照顧父母的人也大幅減少了。統計廳的〈二〇二〇年社會調查〉（2020 년 사회조사）顯示，認爲照顧父母應該由家人負責的人只有二二%，但認爲是需要家人、政府、社會共同負責的人則占了六一・六%。

雖然將看護工作社會化，交由政府與社會共同負責是必要的，但僅憑如此無法解決看護工作的私領域部分。無論得到多少外界的幫助，仍有一些事只能由家裡的某個人來完成。從觀察身心狀態的變化、和醫生與看護溝通，再到挑醫院、轉院、了解設施等事務性質的工作，這些工作看似不起眼，卻需要花費相當長的時間努力。

無論怎麼美化，我覺得照顧人還是一項讓人耗盡氣力的工作。而且照顧父母不同於照顧孩子，照顧父母時我們不知道結束的期限在哪，這個漫長的過程，是看著生命消逝，而不是成長，所以在心理上也是很沉重的負擔。像抱著鉛塊一樣，懷著無法分出好壞的複雜心情生活，這種情況成爲了日常。無論是女兒還是兒子，是不婚、已婚，獨自扛下這樣的責任都不理想。

此外，並沒有理由認爲女性特別擅長照顧。我有一位朋友，她的母親因腦部方面的疾病而病倒，無法自己行動，朋友的弟弟本來就與父母同住，於是他就開始照顧起了自己的母親。那位朋友表示，她覺得弟弟從注意母親的衛生和飲食，甚至到復健運動管理方面，全都表現得很好，令人讚嘆。從姜美羅哥哥的故事中我們也可以發現，如果把照顧當作自身職責，男性沒理由會做得不好。把照顧工作視爲女性的責任，這種傳統觀念是長期以來在男性中心社會裡強加給女性的性別分工結果。即便有些不可思議的研究結果聲稱，女性在生物學上更適合照顧人，女性還是不應該承擔所有的照顧工作。因爲每個人從出生到死亡都無法避免依靠他人，而照顧則是與所有人類基本條件相關的事情。這種事情是所有人都應該面對的，而不是某個特定性別要承擔，另一個性別則「搭便車」，這種長期以來的不公平觀念應該要被糾正。

延世大學人類學教授金賢美（김현미）在《女權主義者生活方式》（페미니스트 라이프스타일）中介紹了在北歐等地討論的單人「工人與照顧市民（Worker-Carer）模式」。在這個模式中，工作模式與照顧模式並不是分開的，任何人都可以在工作一到三年後轉換爲照顧模式。過了這段時間再回歸職場，也絕對不會安排到奇怪的職位或被解雇。在這個模式裡男人當然也能照顧人，而且他們還強化了男人必須參與照顧工作的規則。

韓國社會對工作與時間的概念也應該要改變，不要把自己的時間與生活全都奉獻給工作，而是在需要的時候能照顧重要的人。因爲我們都很脆弱，只有互相依靠才能生存下去。

4. 面對臥病在床與孤獨死

和朋友聊天時，話題東聊西聊最後老是聊到「瑞士」去。我們擔心父母的病況，聊著內心的憂慮，話題卻常轉向「如果我也這樣怎麼辦」，這些沒有答案的閒聊常常會以「我們以後去能安樂死的瑞士吧」作結。

半開玩笑的話語中，有一半的眞心在想著，我不想經歷全然依靠別人過活的日子。與其忍受無法再認出心愛的人、無法自己吃飯上廁所的悲慘生活，還不如就用自己的雙手結束生命。我早就寫好了事前的預立醫療決定書，拒絕無意義維持生命的醫療行爲，但這部分只適用於臨終過程，僅憑這點我還無法放心。

我遇到的 Aging Solo 中，也有不少人表示她們希望生命的最後能安樂死。有人說：「如果我在七十五到八十歲左右，韓國還不允許安樂死，我會拿著三千萬韓圓（約新台幣七十萬八千元）去瑞士結束我的生命。」也有人已經把自己的安樂死計畫告訴自己的手足了。之所以制定安樂死計畫，一來是不想給家人添麻煩，但同時也是因爲她們害怕失去自我的生活。

我的心情也差不多是如此。然而我最近越來越常這樣想，希望能擁有死亡的自我決定權，是否只是我們對選擇的幻想呢？

會產生這種想法，是在我健康又自律的父親突然暈倒後開始的。一夜之間，父親變成了沒人幫忙就動彈不得的狀態。平時非常怕自己喪失自律的人，瞬間陷入了自己最想避開的處境。

要是我父親以旁觀者的角度看自己，他可能會傷心地說：「還不如死了算了。」不過，如果連「還不如死了算了」的選擇都無法決定呢？腦部遭受無法挽回的損傷，只要沒人幫助，父親就完全無法移動，他的人生究竟有什麼意義呢？我曾把自己放在父親的處境上，無數次對自己提出這個問題，但我還是沒有答案。

我一直視自己爲「選擇的主人」，當我對父親產生歉疚的同時，這個自我意象也出現了裂痕。生活中的壞事總像突襲一般，在一切都無法掌控時襲來，我們也許只能選擇該如何面對而已。

儘管如此，我對死亡自主權的渴望仍相當強烈，我想保持尊嚴，以我想要的方式死去。不過，等等！我想守護的尊嚴到底是什麼呢？

●有尊嚴地結束損傷的生命

某天我在網路社群上看到一位前輩哀切的文章，內容是在傳達母親的訃聞。我懷著惋惜的心開始讀他悼念母親的文章，接下來的一句話就彷彿卡在我胸口一樣難受。

「母親直到最後都沒有依靠其他人的幫助，自己照顧自己，守著她的尊嚴直至最後。」

我能理解前輩深刻的親情，同時卻又產生了莫名的反駁心態，覺得自己無法同意這句話。要是我們無法照顧自己的身體，必須依賴他人的幫助，就會失去尊嚴，或是講得具體一點，若無法用自己的手解決排便、排尿問題，就會失去尊嚴。這種價值觀似乎滲透在他的這番話語中。

不僅這位前輩如此，很多人將基本生理現象要依賴他人幫助的生活狀態，視爲尊嚴受損的人生。人類的尊嚴被生理現象與衛生問題左右，然而尊嚴的價值有這麼微不足道嗎？稍微關注一下身邊的狀況我們就會發現，已經有很多重症患者、老人、身心障礙人士是無法自行解決排泄問題並接受他人協助的。難道他們人生中的尊嚴都會消失嗎？

社會學家上野千鶴子在《在熟悉的家中向世界道別》中指出：「老化是所有人變成後天身心障礙人士的過程，後天的身心障礙不只有身體上的不舒服，還有思考與心靈上的不適，這部分的不適也許占了全部或是部分。」她對於因懼怕得到癡呆症[64]而以安樂死作爲對策的人提出批判：「這種想法背後隱含了某種邏輯，這個邏輯區分了『有生存價值』的生命與『沒有生存價值』的生命，這就是種『優生學思想』。」

即便不是優生思想，對於我在父親發病後經常提到「瑞士」的事，爲此我也曾經感到有點內疚。我一直直言不諱地說「希望能安樂死」，那麼在我的心中，是否已經形成了某種思維，覺得因失智症或其他疾病而失去自我決定權的人生，就失去活下去的價值了呢？

我一直認爲喪失認知能力就是喪失自我，也就是失去人生的意思，然而當我見到父親的情況後，發現並非如此。在確定是永久性腦損傷後，家人放棄讓父親的意識回到現實，我注意到父親毫無頭緒的話語和行爲中隱約的秩序。雖然他對於自身生命的歷史，失去了連貫的描述，但他的習慣與特徵依然如故。他就像父親一樣，不停在意大家有沒有吃飽，也不願聽從單方面的指示。雖然有時會認不出家人，但他還是會透露出對子女的擔憂，很荒謬地擔心病房外有老虎，因此而坐立不安。我所喜歡的幽默感，還有他那令人難以忍受的固執，在父親故障的大腦所創造出的奇妙世界裡，這些特質依舊存在。

在《致凌晨三點的身體》（새벽 세 시의 몸들에게）書中，共同作者李智恩（이지은）提到，長期研究失智症照顧現場的學者的發現：「構成部分自我的某些東西不會因失智症而完全消失，事實上保有過去生活痕跡的身體會做出的細微舉動，是延續病患生活的方式。」也就是說，人的身體不僅只是裝著損傷大腦的器皿而已。

這本書中記述了美國人類學家珍妮兒・泰勒（Janelle Taylor）在經歷母親罹患失智症的過程後所產生的體悟。即使母親已經認不出女兒，她依然保有用親切態度迎接訪客的習慣，面對這樣的母親，珍妮兒・泰勒了解到：「雖然對話前後不一致，但因爲不管如何我都要與母親對話，此時對話並不是像我們想像的那種『溝通』，而是一種言語『交換』的形式。」

她表示：「形成一種人格或造就一個人的關鍵，並不在於他所具備的認知能力，而是在於我對目前此刻這個人的關注，以及他與我互動的姿態，那些看似無意義的姿態在關係和照顧的交流中獲得了意義。」[65]

尊嚴存在於如此延續下去的生活之中。雖然我無法和父親進行以前那樣的溝通，但即使對答錯亂，透過點頭、眼神或稍微出力的握手方式，「對話」還是可以進行的。配合著父親的混亂做出反應，注意突如其來的「胡言亂語」，還是可以和父親一起哭、一起笑。這種互動不就構成父親目前的生命了嗎？

即使能用不同以往的眼光看待受損人生的意義，也無法避免情況本身所帶來的悲哀。即便盡了一切所能，不曉得該怎麼做的茫然感也不會消失。

我最大的恐懼之一就是，要是父親去世時，是在連一張熟悉面孔都見不到的醫院急診室、加護病房或療養院治療室，而且周圍還圍著冰冷的機器，那他該有多麼害怕啊。雖然我決心要在這種情況發生前把他送回家，但也害怕半夜在家他突然疼痛，或發生突發狀況時我該如何應對。

考慮了各種情況，最理想的生命末期照顧方法還是醫院的安寧緩和療法。當治療變得毫無意義，在醫療人員的幫助下緩解疼痛，接受人性的照顧，這應該是維持尊嚴並結束生命的最佳辦法。

不過，爲提前了解安寧病房而找資料時，我嚇了一跳，我發現父親在生命末期並沒有使用安寧病房的「資格」。《延命醫療決定法》（연명의료결정법）†規定，能使用安寧緩和醫療的疾病限定爲癌症、後天性免疫缺乏症、慢性阻塞性呼吸道疾病、慢性肝硬化、慢性呼吸衰竭。好像沒什麼特別的理由必須這麼規定，而韓國安寧緩和醫療學會也在法律訂定的六年後指出，這樣限制安寧緩和治療會有問題[66]。據學會透露，由於基礎設施不足，符合資格的患者中也只有二一．三%接受了安寧緩和醫療。

二〇二二年六月，國會提案《延命醫療決定法》修訂案，內容包括讓末期患者在醫生的協助下結束生命等內容。雖然我希望韓國社會也能積極討論醫生協助結束生命與安樂死的問題，但當前對安寧醫療的接觸如此有限，要在這種程度下讓醫生協助結束生命的話，我是持反對意見的。目前安寧醫療的基礎設施不足，而且還有疾病種類的限制，如果在這種情況下恣意投入由醫生協助結束生命的制度，只會助長在死亡問題上的貧富分化情況。目前能接觸到尊嚴死的人數很少，我們不能放任這種情況持續下去。

●生命的最後誰能代理我？

看著父親的模樣，身為 Aging Solo 的我感受到另一種恐懼是，我擔心：「沒有『像我一樣的女兒』，那我以後怎麼辦？」如果因老化而失去認知功能並長期臥病在床，在生命結束之際，誰能替我做出重要的決策，這點讓我很擔心。二〇二二年失去父親的崔恩珠也有類似的擔憂。

「看護父親的過程中，我切身感受到，處於這種狀態會有很多需要處理

---

†編按：台灣相關法規可參考《安寧緩和醫療條例》。

的工作程序，比如需要怎樣的治療、要去哪、在哪找看護人等。這些工作還會造成高度的疲勞，就算我上了年紀跟朋友們一起生活，這些問題好像也不是朋友可以處理的。」

正如她所說的，即便生活中與朋友互相依靠、互相照顧，但到了生命最後階段，如果運氣不好，老人照顧老人也會面臨兩人都惡化的「老老看護」情況。爲我做決定的人，除了朋友以外，是不是還需要其他人呢？朴眞英也認爲，除了錢之外的必要養老準備是，「有在人生最後階段能代理我的人」。

「大部分的兒女都會扮演這個角色，雖然我沒有兒女，然而即使我有，我也不想讓兒女做這種事。我寧可支付合理的費用讓代理人做，也不希望讓我孩子來做。我希望能有個制度，讓我在精神正常的時候建立可以委託這種事情的關係。」

大部分的 Aging Solo 都模糊地覺得「無論如何朋友都會出面吧」，或是認爲「原生家庭中總有個人會出面吧」，但事實上卻沒任何對策。池恩淑博士表示，誰來代理年老且即將死亡的單身者，是個「階級問題」。無論是在日本還是在韓國，個人在制定這個問題的對策時，經濟及社會階級的差異很明顯。

> 「在日本，財產多或地位高的單身者會收養女或雇用幫忙的人。有了正式的養女，資源豐富的單身者，大多都會讓養女來管理自己的事業與財產，把生命的最後交託出去。這種方式雖然在韓國並不普遍，但社會地位高且有錢的單身者無論用什麼方法都可以定好對策。」

中產階級的單身者會跟朋友約定要替彼此處理，或者從周圍的人之中尋找可以代理自己的人。多數 Aging Solo 都計畫著這樣的未來。然而問題在於，當以爲價值觀相似的朋友約定好要互相照顧並共同制定養老的對策，這時會發現彼此的價值觀非常不同，從而產生矛盾。

「似乎即便獨自生活，大家對未來的想像與價值觀，也會保留原生家庭累積財產的方式和看待資產的觀點。比如說，有的朋友說要賣掉曾經居住過的公寓，準備購入住商混合的住宅和朋友們共同生活，這個想法是藉房產累積過財產的中產階級才會抱有的看法。原本以為跟我同類的人，其實是不一樣的人。這種對個人關係的看法差異，經常導致衝突。」

即便如此，對中產階級而言，這種程度的差異也並非無法解決。問題在於幾乎沒資源的人，資源少的人往往無法找到可成為彼此後盾的對象，他們處於什麼對策都無法制定的狀態。

即將死亡的人生最後階段，要由誰來代理我、替我善後，這個問題正如池博士所說的，確實是階級問題，但我認為韓國社會頑固的家庭中心制度問題也很大。如前所述，醫院要向患者說明治療、住院、手術的問題，幾乎都是對患者的家人說明，並尋求他們的同意。無論與患者多親密、對患者多重要的人，只要不是家人，就很容易被排除在外。

在面臨死亡的情況下又會如何呢？幾年前，我在制定事前的延命醫療意願書時，聽了必修的課程，當時曾經歷過苦澀的一幕。《延命醫療決定法》規定，當患者沒有能力表達延命醫療的意願時，若想代替患者做決定，必須與患者的配偶和一等親以內的直系親屬全員協議。如果沒有這種親屬，就要找兩等親內的直系親屬，也就是患者的手足等有血緣關係的家人，讓他們一起參與決策。有一位跟我一起上課的人感嘆道：「要是沒有家人，連死都很難啊。」

另外，現行的監護制度或信託，不僅認證繁瑣，對於權利受限或無資產者來說更是遙不可及，因此實際效用不大。關於單人戶在人生最後一刻能依靠的代理人或監護人，這是迫切需要引進新制度立法，並讓政策介入的問題，這部分稍後我們將進一步探討。‡

‡編按：台灣現行有《病人自主權利法》，是亞洲第一部完整地保障病人自主權利的專法，不僅擴大適用的臨床條件，另包含預立醫療照護諮商（ACP）、預立醫療決定（AD）、醫療委任代理人等保障機制。

● 消除對孤獨死的恐懼

身爲基層地方自治團體公務員的金多任，她的其中一項業務就是管理孤獨死事件。她和同事們要分別管理基礎生活津貼受惠者、次上位階層§、患有重症疾病的高齡獨居老人。最近她們的管理對象擴大到中老年的單人戶身上。

有些與家人斷絕關係且患有認知障礙的獨居老人，會和房東吵架而失去住處，當她處理到這種可憐的案子，或看到被孤立的不婚老人時，金多任對自己的未來也會感到有點不安。

「雖然我的狀況應該不至於如此，但要是共同生活的朋友們先走了，或是我患有失智症那就沒辦法了。但是不管怎麼想，其實也沒有什麼對策。我只想到要好好管理健康、好好善待周圍的朋友，像這樣把當下過好，老年應該也會過得還不錯吧。」

我問金多任人工智慧機器等技術是否有助於防止獨居老人的孤獨死，她介紹了爲獨居老人設計的「首爾照顧我」應用程式給我。若在事先設定好的時間內沒有使用手機的紀錄，應用程式就會發訊息給緊急連絡人。知道這個資訊後，我幫獨居的母親在手機上安裝了這個應用程式，雖然我不確定這對危機應對有多大效用。還有另一個「智慧照顧插頭」項目正在實施中，公家機關會監測電力使用情況，若發現一定時間內沒有變化的話，就會向救護人員通報危險，但是如果公務員不仔細查看就沒有用了。實際上在二〇二一年的年末，首爾市鍾路區就有一起六十多歲男性孤獨死的事件，由於他家裡安裝了照顧插頭，危險警報已經發送到居民中心，但中心的員工漏掉了這項通報，幾個小時後接到鄰居通報後才掌握情況。[67]

在死亡的七十二小時後才被發現，在首爾市就會被分類爲孤獨死。據說首爾市發生的孤獨死事件中，有二〇%是沒有納入現有社會福利網的非受助者。他們的共同點都是與周圍的人斷絕關係，不管是自願或是被迫，他們很少與家

§ 譯註：次上位階層是指基礎生活津貼受惠者的上一層階層。

人、熟人往來，鄰居也不知道他們的存在。[68]

「關係」能防止孤獨死。首爾市瑞草區老人幸福e音中心的「朋友聚會房」計畫，透過讓獨居老人彼此建立關係，成爲成功防止孤獨死的地方計畫案例。聚會房的組織者每周會至少一次在自己家中邀請老人會員聚會並相互關心，地方政府則支持聚會房的水費、電費等公用費用。二〇一五年由五位獨居老人開始的事業，在六年內擴大到一百八十人參與的四十個聚會。結果顯示，從二〇一九年到二〇二一年，首爾市共發生了一百八十七起孤獨死案件，但瑞草區卻沒有發生任何一起孤獨死案件。[69]

並不是獨自生活的人增加才導致孤獨死案件的增加，而是孤立造成了孤獨死。社會學家上野千鶴子在《在熟悉的家中向世界道別》中表示，多數不婚女性都有朋友網絡，沒有必要害怕孤獨死，果不其然，在我遇到的 Aging Solo 中，除了目前負責這項業務的金多任以外，沒有其他女性表示自己會擔心孤獨死。

吳熙珍說：「如果發生孤獨死的狀況我也要接受，但是我們應該重新思考孤獨死的概念。生活得很孤獨的人就會孤獨死。」南智媛也表示：「有時我會覺得，獨居者對孤獨死的恐懼多少有些誇張。」

「搭透明地板的電梯上高樓，雖然地板不會塌，但我們還是會害怕嘛，而孤獨死也是一樣，是社會製造出來的恐懼。當然，在這種情況下，我們應該了解有哪些選擇並做足所有準備。然而，與選擇獨居的人談論孤獨死的恐懼，就像在說因爲可能會發生車禍所以不要坐車。我不能因爲每十人中就有一人死於交通事故而不坐車吧。」

上野千鶴子表示，獨居的老人獨自死亡沒什麼不好，她提議以「居家死」來代稱孤獨死。她在《一個人的臨終》書中表示，「在自己家裡生活，加上到府護理、到府看護、到府醫療三種套餐」，我們就完全可以獨自生活，獨自死亡。

日本的護理保險（介護保險）由專門的護理管理人員制定照顧計畫，提供的門診服務包括療養看護師、護理師、醫生到府的服務，跟韓國比起來，這個制度讓獨自在家中做臨終準備更容易了。雖然韓國也有長期療養保險，但對於居家看護是遠遠不足的，韓國的保險只保障療養看護師服務、療養用品的租賃與購買、周間照顧設施與療養院的使用。因為沒有專職的護理管理人員，若想要穿插使用各種服務就只能分別準備了。醫生家訪服務除了部分示範區域外，現今還沒有普及。在目前的情況下，如果人在家中死亡，就得不到醫生的死亡宣告，因此要向警方申報死亡事件。韓國國內的長期療養保險有時甚至會讓人懷疑，是不是為了把需要照顧的老人送到設施而制定的保險。

無論如何，如果像「居家辦公」一樣被稱為「居家死」，孤獨死的不祥和悽慘氣息也許就會減少一些。不過，雖然我希望盡可能死在自己住過的房子裡，但我也不認為死在家裡以外的地方就一定是不幸的事。即便在家和家人一起生活，偶爾也會發生獨自死亡的事，即便住在醫院或療養院，在沒有人關注的情況下也會獨自死亡。重要的是在活著的時候能否不被孤立，是否到生命的最後一刻都能接受有人性的照顧。

醫療人類學家宋炳基（송병기）表示：「有些人在家裡（或設施裡）接受完善的照顧後臨終，而有些人則在家裡（或設施裡）被孤立後死亡。因為臨終的照顧取決於患者和照顧提供者的生活條件，依據情況不同而有很大的差

異。」[70]

過去女性在家中負責臨終照顧，現在主要轉移到女性看護與療養看護師身上，這項工作仍然被視爲不需要專業的雜活。韓國國內的臨終照顧市場，幾乎由朝鮮族⁑中老年女性看護在支撐。

照顧工作如此「性別化、市場化」，即便有長期療養制度，在這不盡如人意的情況下，有尊嚴的照顧與臨終取決於有多少錢，以及遇到怎樣的看護。宋炳基借用「各自圖生‡」的說法，稱此情況爲「各自圖死」。如果到生命的終點仍無法以自身能力去尋求好好死去的方法，那麼悲慘就是不可避免的現實。這不僅只是單人戶的問題，也是當今韓國社會面對死亡的風景。

⁑編按：朝鮮族是指生活在中國的朝鮮民族，主要居住在中國的東北三省。近年來，許多朝鮮族移民到韓國及其他國家尋找工作和生活機會。雖然與韓民族爲同一民族，但由於國籍、居住地和歷史背景的不同，這兩個群體在現代社會中有著不同的身分和生活方式。

‡譯註：「各自圖生」是韓國的四字成語，指各自求生存的方法。

5. 變成老奶奶後也能互相照顧嗎？

當人獨自老去，支撐著我們的是人際關係。雖然大家偏好的關係密度和距離各不相同，但沒有人能獨自一人好好老去，也沒有必要獨自老去。正如前面所述，Aging Solo 即使沒有配偶與兒女，他們也會以其他方式建立親密關係一樣，老年時我們會需要以某種方式共度的關係。

前面我們介紹了一起變老的全州不婚女性共同體「非飛」，她們建立的是鬆散的關係，二〇二二年非飛為了更具體地想像和應對老年生活，成立了女性居住的共同體「非飛社會合作社」。

對於非飛推動女性老人共同體住宅，我感到有些意外。非飛成員已經住在同一棟公寓，互為鄰居，她們就像里民活動中心一樣透過空間非飛一直有所連結。獨立性與聯繫兩種需求都可以在這裡獲得滿足，在我看來這已經是理想的生活方式了，為什麼非得建立一起生活的共同體呢？

從現實角度來看，非飛會員們目前聚居的租賃公寓，居住期限是五十年。也就是說，她們在該公寓生活已經快二十年了，因此目前四、五十歲的非飛會員到了七、八十歲就要尋找新的居住地。

摩乙解釋道：「主要的心境是覺得應該在我們能策畫、能行動時開始做準備，要是以後對女性老人的認同感大於不婚女性的話，不知道我們會有什麼變化。」

「空間非飛具有里民活動中心的作用，大家聚居在附近、一起活動，這種生活方式持續到中年爲止都是可能的。不過，如果我們年紀大了，空間非飛變得很難經營的話那會怎麼樣呢？以不婚的狀態變老會是怎樣的體驗呢？如果到目前爲止的生活方式，在老年時不可能實現該怎麼辦呢？考慮到這些，我想到了老人共同體住宅。這個想像並不是以家庭的概念共同生活，並接受看護，而是打造一個物理空間與人際網絡，讓人即便老了自己也能好好生活，打造一個可以挑戰某種事物的基地。」

春春搬離家裡獨立後，又搬了八次家，後來便入住目前居住的租賃公寓，她說：「現在的生活方式正符合我的喜好，沒什麼比現在的生活方式更好了。」然而她也表示：「雖然希望自己老了也能從容地生活，但這不是可預知的事情。中年時，光是聚居在很近的地方就已經足夠了，但人到老年，是不是會需要比現在更緊密的共同體，會不會需要更小的圍籬呢？」

● 承擔彼此活下去的老年

非飛解決課題的方式是，無論如何都要一起學習和討論，這個方式在準備女性老人居住共同體的工作中展現得一目了然。二〇二一年拿下全州市社會改革中心的補助，完成了「中老年女性單人戶居住共同體的必要性和意義」相關研究，二〇二二年進行了「透過居住共同體事例研究探討全州型社會住宅的方向性」研究。非飛已經在二〇一九年探訪了英國倫敦的「新天地」（New Ground）、法國巴黎的「芭芭雅嘉之家」（Maison des Babayagas）等女性老人共同生活的社會住宅，並進行研究，逐漸積累了相關知識。

「在進行海外研究時，我認爲最理想的模式是由英國『年長女性的共同住居』（Older Women's Co-Housing）社群所設立的住宅——新天地。不論有無婚姻經驗與兒女，這裡是五十歲以上女性單人戶入住的共同體住宅，共二十五戶家庭中，有十八戶是自有戶、七戶是租賃戶，名爲『女性住宅』的非營利組織會給租賃戶補助。無論以任何形式入住，權利皆相同。不管生活經歷、有無資產、學歷高低，居住結構是由各種人共同組成的。雖然只有二十五戶，卻有二十七個小聚會，聚會非常活躍，但幾乎沒有讓所有居民聚在一起的活動。這裡的優點是雖共同生活卻不會集體行動。企畫和籌備這個空間的人有六人，光準備就花了二十年的時間，據說她們之中實際在二〇一六年就入住的人只有一人。我們也覺得應該在更老之前早點開始。」（摩乙）

一旁的珠兒幫腔說：「我們是以速度聞名的韓國人，十年就能分出勝負吧？」

非飛在二〇二一年進行女性老人居住共同體研究時，公開招募有意參加該共同體的人，選人的方式是以一起談論中年四、五十歲不婚女性的生活與未來前景。我參加了二〇二一年十二月召開的研究結果發表會，可以聽到研究參與者們想像老年人之間的關係。[71]

專注於自身生活，她們做出了一連串選擇，成爲了不婚的人，在研究過程中最常出現的單字是「責任感」、「自己」，她們籌畫了由自己所主導的生活。隨著老花眼與關節變差的情況出現，她們感受到年齡的增長，但對她們而言，年齡增長並不一定只有不好的經歷。有人提到老了就不用再在意女性意識，可以自然地當一個完整的人；也有人覺得，老了以後不再被成就追著跑，僅僅存在就足以讓人感到平靜，感覺很好。然而，對於老年時無法像年輕時那麼活躍，她們都同感焦慮。

不婚女性們重視獨立性，她們以這種方式生活了很久，但老年時，她們也跟所有人一樣，不可避免地需要他人的幫助。研究參與者考慮到老年的獨立與依賴，想到了一種能互相照顧的共同體，以此作爲關係的連結，然而每個人想像的照顧與共同體的畫面都略有不同。有人的想像是，在同一個空間裡生活才能更容易相互照應；有人擔心在共同體中，讓住戶照顧其他住戶是很困難的，並擔心這會伴隨著義務感或罪惡感；也有一些人認爲，共同體內的照顧不應該依靠彼此的善良意志，而是要建立一個系統。

摩乙表示：「老年以何種形式照顧最爲合適，這應該互相討論並找出結論，但首先應該以不同於照顧父母的型態，以能夠自我照顧和互相照顧的型態爲前提。」

「因爲在鄰居與朋友的關係中，單方面的照顧是不可能的。雖然在英國的新天地共同體裡，在其他入住者生病時陪同對方到醫院，能幫忙的部分就互相幫忙，這些都是共同生活的原則，但是如果入住者連基本的自我照顧都無法做到，那就還是需要社會幫助，不管是醫院還是專業看護的幫助。因爲我們不能成爲彼此的負擔，讓所有人都變得不幸。當我問到如果得了失智症，是否該離開新天地，他們說這是個人的決定，這裡只有一扇門，就算老人在裡面徘徊，也不用擔心迷路。雖然共同體提供了安全的籬笆，但顯然這裡的照顧系統也有個天花板。雖然我們還沒有深入討論過這類話題，但很多研究參與者表示，如果出現這種情況自己就會去醫院，必要的話，就在事前同意的情況下，讓療養看護師或監護人進來就行了。進一步討論並研究經驗的話，就能找到合適的照護方式。」

她表示，就算沒有體驗過共同居住的共同體，或是老年人共同體，那也不用太擔心，因爲在參與鬆散共同體非飛的過程中，她認識到了對「忍耐」的信任。

「只要彼此能忍耐，其他的都可以克服。有什麼關係能美好到不需要對任何人忍耐的嗎？沒有這種關係，都是因爲喜歡才忍耐下來的。因爲對方是我喜歡的人，因爲喜歡所以才會覺得自己要有所承擔。因爲有人能承擔著我，所以我認爲我也能承擔對方，這種心態是共同體的基礎。」

● 彼此照顧的「鹿頸香社區」

雖然非飛所夢想的畫面與實際模樣可能有所不同，但是卻有一群老年女性，她們已經互相承擔，組成共同體一起生活。姜美羅在見了我以後，和我聊了很久關於 Aging Solo 的事，某天她突然傳了個連結給我，叫我看看這些奶奶們。那是二〇二一年ＫＢＳ電視在《紀錄ON》（다큐온）節目上播出的影片，

標題爲「三位愉快同居的奶奶」，內容講述了當時六十八歲的三位同齡女性老人共同生活的故事。

雖然和朋友們共同生活並一起變老的故事很有趣，但她們的與眾不同之處在於，她們聚集了村裡的獨居老奶奶，在家開設繪畫教室、表演打擊樂、一起探訪美食店家等，親自打造自己想生活的村莊。從二〇二一年開始，附近共同育兒的共同體「山北小遊樂場」的孩子們每隔一周就會到她們的家「鹿頸香」＊，在大片的草坪上奔跑、玩水槍遊戲。邁入老年的三位女性彼此依靠著生活，她們關懷擁抱村裡的老人，接著再把這份照顧的心擴大到孩子們身上。

二〇二二年楓葉被染紅的深秋之際，我去京畿道驪州鹿頸香見她們的時候，她們問我幹嘛要採訪，只顧著叫我去玩[72]。爲了做柿餅，她們的屋簷下掛滿一串串柿子，房子還附有一個很寬敞的院子，比電視節目上看到的還要大很多。

＊編按：「鹿頸香」是一個鹿常聚集的地方，充滿自然風光的小村落，故得名。是村民們聚集在一起，以文化和音樂活動爲核心的公共社區。

在四百坪的土地上建造了六十坪的大房子，沈在植（심재식）說：「沒想到六十坪的房子那麼大。」她表示因爲搞不太清楚，所以就勇敢地做了。

二〇〇九年，沈在植偶然透過旅行結識的朋友介紹，買了一塊地來蓋房子，並和自己的五十年知己李慧玉（이혜옥）共同生活。幾年後她們又在村裡結交到朋友李京玉（이경옥），之後李京玉也加入，三人開始一起生活。一生不婚的沈在植和李慧玉在同一家公司擔任管理理事長與廠長。李京玉表示，丈夫去世後，原本獨居的房子突然要被賣掉，就決定暫時待到找到房子爲止，結果就一直住下來了。

生活在城市的人們，經常會幻想老後的田園生活，但馬上放棄的決定性原因之一，就是擔心家附近沒有醫院。沈在植表示：「實際生活過後，就會發現那只不過是無謂的恐懼。」

「來到這裡之後，我和李京玉的鼻炎問題就消失了，因爲空氣好，又常常運動。在城市裡，我們每個月去兩三次醫院，而在這裡，大概一年才去兩三次吧？首先，附近有衛生所，大醫院離這裡需要三十到四十分鐘，其實花的時間跟首爾也一樣啊，醫院遠一點也不會感到不方便。」

三人分別管理各自擅長的事，沈在植和李京玉主要負責飲食與打掃，李慧玉主要負責院子和管理樹木。雖然共同生活，但她們各自擁有獨立的房間和車子。她們都是領年金過日子的人，每人每月拿三十萬韓圓作爲共同生活費。沈在植也提醒共同生活的祕訣：「若想一起生活的話，要是奇數會比較好，如果全體人員是雙數，就很難表決。」

李慧玉說：「三人一起生活，多虧了彼此的照顧，我們建立起了明確的信任。」相互照顧並非什麼了不起的事，只是一起準備健康的飲食、一起照顧日常起居、一起擔心困難的事情，但相互照顧所創造出的日常差異非常大。在共同生活前曾努力抗癌過的李京玉表示，她感受到了很大的差異。

「我獨自生活了十四年左右，三人能一起生活眞的很幸運。自從住在這裡以後，我會按時吃早餐，生病就互相照顧、幫彼此拿藥，這部分眞的很好。獨居的時候就只能一個人難受，別人不會知道。但住在這裡能看到朋友們替我擔心，讓我覺得：『啊，有這麼替我著想的朋友，就像媽媽一樣。』心裡也會舒服許多。還有，共同生活這件事，最棒的部分就是旅行。獨自生活時，即使心裡想去旅行也不會有那個念頭，但因爲是三個人住一起，就會直接說：『欸，走吧！』隨時都可以去玩。」

一輩子過著不同生活的人要共同生活並不容易。沈在植說：「當我們還是朋友時，我以爲彼此已經很熟了，但住在同一個屋簷下後發現，一百件事中有九十九件的意見是不一樣的。」

「要是我年輕一點的話，我們早就分開了。之前我要搬來這裡時，大姊反對說：『幹嘛去山谷過與世隔絕的生活。』但當我覺得三人一起生活很累，想要分開時，姊姊們卻又反對說：『你會餓死。』這句話好像也是對的，因爲不知道該拿這個大房子怎麼辦，所以還是得忍耐。然而到了七十歲，心態就變了。吃飯時看著她們的臉我會突然想，我們三人之中一定有人會先走，那我會活到什麼時候呢？就產生了我想在有生之年好好對待彼此的深情想法。」

李慧玉幫腔說：「只要對我的人生沒有太大影響，即便看到不順眼的事，我也會裝作沒看到，這就是隨年齡增長所習得的能力。」

「即便告訴對方自己看了不順眼，兩人也只會打起來而已，怎麼可能去贏過對方呢？雖然不曉得忍耐和放棄的分別，但這個年紀一個人生活又有什麼好呢？三人一起住還是比一個人住好，所以就讓事情過去吧。只要不去在意朋友與我的不同之處就行了，只要不在乎就不會爭吵。」

● 鄰里的相互照顧

她們說，在我去拜訪的幾天前，還和村裡的奶奶們一起去註文津吃了生魚片。李慧玉偶爾會開著熟人給的二手廂型車，帶著村裡的八位獨居老奶奶一起去一趟美食之旅。不僅如此，鹿頭香還會經常舉辦讓村裡老奶奶們參與的農樂、打擊樂與繪畫等課程。

「我是二〇〇九年搬來的，二〇一二年才第一次認識到居民。村裡的農樂隊來找我，她們人數不夠，拜託我參加活動。所以後來我參加了驪州市的活動，之後還學了四物打擊樂§§，在參加各式聚會時認識了村裡的人。」（李慧玉）

從二〇一四年開始，原本和村民們邊喝咖啡邊聊天的聚會逐漸發展成社團聚會，二〇一五年把菜園改爲草坪後，家裡的院子就成了村裡的遊樂場了。

「沒想到搬家後會發生這樣的事，鋪草坪也不是爲了共同體的聚會，而是因爲房子太大，我想把房子賣掉搬去住小一點的房子。因爲聽說鋪草坪的房子比較好賣，所以才鋪的，結果還是賣不出去，最後就放棄了。」（李慧玉）

新冠肺炎疫情期間禁止室內聚會，二〇二〇年從春天到秋天，她們都是在院子裡搭天幕繼續經營戶外天幕教室。一到前院教室上課的日子，李慧玉就會開著廂型車去把老人家載過來。教學器材與聘請講師的費用，有農漁村希望財團和驪州市終身學習中心的補助。這個不曾在敬老院舉辦任何學習活動的村子，隨著鹿頭香的進駐，村裡的老人家了解到學習的樂趣。畫展和打擊表演對他們來說都是第一次，某位老奶奶生平頭一次拿起色鉛筆，就是在院子的課堂上。從二〇二一年開始，山北小遊樂場的孩子們隔周會來玩，老人家和孩子們一起玩、一起做零食給他們吃，這又成了鹿頭香的另一項工作了。

「大家會以爲鄉下的孩子們應該有很多可以玩的地方，但事實並非如此。孩子們只是去學校和補習班而已，孩子們能聚在一起的空間太小了，所以我就讓他們來這裡玩。孩子是我們的小小朋友，他們會玩到晚上媽媽來接他們爲止，希望這個村子能夠成爲讓大家一起帶著孩子們搬來的地方。」（沈在植）

‡‡編按：農樂是韓國農村進行集體勞動或過節時演奏的音樂，已經發展成代表性的表演藝術。

§§譯註：四物打擊樂是韓國的傳統樂隊，由鼓、長鼓、大鑼和小鑼四種打擊樂器組成，從農樂發展而來。

爲孩子們準備的零食費每月需要二十萬韓圓（約新台幣四千七百元）左右，這項費用就由她們三人負責。三人不僅要共同生活，還要花費金錢、時間、精力進行村裡的共同體活動，她們這麼做的理由其實很單純，因爲很好玩。

「我是因爲好玩才和居民相處，是爲了繼續做有趣的事才會這樣做的。今年（二〇二二年）已經做第七年了，這都是沒有事先計畫的，想嘗試的話就當下直接行動而已，試一下才知道。」（李慧玉）

今後會怎麼樣呢？當被問到有什麼計畫時，三人搖搖手表示她們對未來沒有任何想像和計畫。

「我們現在七十歲了，明天都可能會死掉，還要計畫什麼呢？工作時寫的報告也不會百分之百執行啊，我們也是一樣，這個院子一開始是菜園，現在變成草坪了，大家就在這裡玩耍。明天會變怎樣也不知道，我們眞的沒有計畫，只有『試一次吧』這類當下的願望。對於來這裡玩的孩子們，我也不抱什麼期待，只要他們長大後記得，以前農村的三個奶奶對我們很好，我們也要好好對待別人，這樣就可以了。我們就是因爲好玩才這樣做，想到什麼就去嘗試，能做就做，僅此而已。」（沈在植）

她們搬來時原本只有十八戶的村子現在變成了三十戶。雖然她們保守地表示：「這不能說是我們的影響。」但從她們居住的朱綠里三號區的戶數增加量來看，她們引起的照顧良性循環產生了很大的影響。當她們在村裡一起變老，相互照顧的風氣也在村中穩固的照顧基地裡成長著。

chapter
4

在社會中創造不婚者的空間

期待能善待「我」和「我們」的制度

1. 對不婚狀態的單身歧視

有一個詞叫「單身歧視」（Singlism）。最早使用這個詞的人是社會心理學家貝拉．德保羅，字典的定義是：「認爲結婚比不結婚更理想，對不婚者抱持偏見。」

貝拉．德保羅指出，對已婚夫婦優待而貶低單身者的單身歧視不僅只在態度上，這種觀念還「滲透到社會的法律、制度等所有結構中，在日常裡從未經歷過歧視的單身者也無法倖免。」[73]

她所列舉的結構性單身歧視幾乎涉及了生活的各個領域。例如，只提供優惠給已婚人士、只保護已婚人士的所有法律，這些都算是單身歧視。只有已婚的人才能在保險、通訊服務、套裝旅行、會員資格、租賃服務、文化藝術設施等方面享有折扣，而單身的人則需要支付原本的定價？這就是單身歧視。

只有已婚的人才能爲了照顧配偶或家人而休假，單身的人不能爲了照顧好朋友或手足而休假？這就是單身歧視。

醫院要求單身者必須由監護人與法定家人同行？單身者的健保費比夫妻還

貴？這就是單身歧視。

租房時房東只偏好已婚的人？沒有足夠給單身者的居住空間？這就是單身歧視。

大學課堂或教科書內容包含了婚姻或家庭，卻不提及單身？學者們在研究婚姻、傳統家庭、浪漫愛情關係的同時，卻不研究單身的友情或單身者選擇的家庭？這就是單身歧視。

貝拉・德保羅指出：「所有結構化的單身歧視都在灌輸我們，單身生活比夫妻生活價值還低的訊息。這些訊息告訴我們，單身者無法享受與已婚人士同等的法律與制度保護，在市場上沒有被優待的價值；對我而言最重要的人，不如法律所保護的配偶那麼重要，因此我沒辦法得到照顧他們的時間與哀悼的時間；單身者支付所有費用是理所當然的，不得享受夫妻的折扣或優惠。」

長期滲透進社會結構中，並成爲慣例的結構性單身歧視，在韓國社會也是獨自生活的人都有共鳴的事。結構上的單身歧視勉強支撐著古老而陳舊的信念，這個信念把結婚生子設定爲社會標準，認爲人類的幸福只能透過這個標準途徑來實現。

我認識的 Aging Solo 們也談到了各種類型的單身歧視，最多人提到的是前面提過的居住問題，還有醫院的監護人與照顧問題。

● 住居與工作場所的歧視

撫養家屬人數的加分，是阻礙不婚者參加房屋認購的絆腳石，由於這項評分標準不是扣分而是加分，因此偶爾會聽到有人主張這並非不當歧視。

然而，如果這項加分對認購成功與否有關鍵影響，幾乎都是這項分數阻止單人戶參加的話，那這項加分機制就含有歧視。在房屋認購制度的滿分（八十四分）中，撫養家屬加分（三十五分）占比最大，在每人加五分的情況下，單人戶能得到的分數只有五分，因此他們的分數總是低於有家人的同順位者。韓國法制研究院研究委員張民善（장민선）在〈關於支援單人戶的憲法考察〉（1인 가구 지원에 관한 헌법적 고찰）中指出：「若加分制度實際上對選定入住者起到決定性作用，那就必須對其是否違憲進行裁決。」[74]

對不婚者而言，和一起生活並彼此照顧的不婚同居者以共同名義買房時，很難共同獲得貸款，若非法定家人也不可能一起申請公共租賃住宅。因爲政府的住宅供應政策只以法定家庭爲對象，所以不婚的同居家庭無法從制度中得到任何優惠。

此外，前面提到的美好照顧網絡若要在朋友間實現，首先我們需要什麼呢？那就是照顧的時間。就算暫停工作去照顧對自己重要的人，工作穩定性也不能受威脅。雖然韓國在二〇二〇年一月採用了家庭照顧假制度，但這項制度的限制是照顧對象必須是祖父母、父母、配偶、配偶的父母、子女或孫子、孫女。鄭世姸說：「很遺憾的是，當比家人更親近的同居朋友生病時，由於我是不婚的身分，所以也無法請這種假去照顧她。聽說在外國，如果同居朋友生病也能休家庭照顧假。」

單身者爲過獨立的生活而工作，職場是他們最重要的空間之一，同時也是即便不樂意也會感受到歧視的地方。

假日必須有人加班時，最先被點名的對象往往是單身者。李珠元說：「如果假日公司有事需要處理，已婚的人大多都以婆家或孩子爲由拒絕，而我雖然會有點不爽但還是會去公司。」

南智媛說：「二○○三年香港爆發SARS疫情時，一定要有人去客戶那報告，所有有家庭的員工都被排除在外，只有我獨自一人接到了出差命令。即使我很不情願，但我也只能接受必須去的事實。當別人不願意出差或熬夜工作時，常常因爲我不婚的關係而被選中去承擔責任。」說著說著她苦澀地補充道：

「但是塞翁失馬，焉知非福。之前亞洲金融危機爆發時，已婚女性員工最先被解雇。我獨自賺錢，在經濟上沒有其他可以依靠的家人，因此我就這樣生存了下來。女性不管是已婚還是不婚，在職場上都會度過很長的艱辛歲月。」

正如她所說的，在職場上無論是已婚還是不婚，女性都面臨著根深柢固的不利之處。已婚女性因生育等問題遭受不利的事實眾所皆知，但大家幾乎不討論不婚女性所遭遇的不利因素，二○二二年四月美國《華盛頓郵報》（*The Washington Post*）刊登了一項有趣的研究。

社會學家們追蹤調查二〇〇八年與二〇〇九年畢業於美國前五所商學院的ＭＢＡ學生，結果顯示，固有觀念認為高學歷不婚女性在職場上缺乏領導能力，因此她們會遭受不利的待遇。[75]

不婚女性在領導的位置上經常被人過分挑剔，她們會被人批評過於「男性化」（即使在不婚男性身上這個評價算是優點），或是拿她們跟已婚女性比較，大家普遍期待在女性身上看到溫暖與關係上的領導力，但這部分不婚女性表現較差。而這就是所謂的「女性領導力」不足。

讀完介紹該研究的報導後，我感到很沮喪。就算不婚、不生、不養，女性也無法擺脫職場上對性別角色的強烈固有觀念。我不太喜歡大家經常使用的「女性領導力」一詞。通常我們會把關懷、細心、關係導向，以及相較於結果更重視過程的態度稱為「女性領導力」，這種想法的前提是把溫柔體貼的態度視為「女性」屬性。

然而溫柔體貼真的是女性的生物學特性嗎？難道女性天生就是「照顧者」嗎？我認為雖然到目前成為領導者的女性並不多，但如果今後女性領導者增加，那麼和男性一樣粗魯且具攻擊性的女性領導也會增加。由於目前的領導者中只有少數女性，所以才會有人把社會所期盼的女性特質拉出來，並稱之爲女性領導能力，然後再對不符合這項特質的人貼上「狠女人」的標籤。在男性主導的社會中，一起遵守男性規則並試圖取得成功的女人、嶄露自己野心且魯莽的女人、不在男性保護下的女人，會被形容爲狠毒之人，並排除在外。[76]

●「單身稅」和家庭問題

在職場上，與稅金相關的抱怨會在年底結算時出現，經常出現的其中之一就是所謂的「單身稅」爭議。配偶或子女等撫養家屬的個人扣除額，在年底結算的所得扣除額中占最大的部分，而單身者完全無法享受這項扣除，因此感到不滿。和我所採訪的 Aging Solo 對話時，偶爾也會說「我們正在繳單身稅」之類的話。每當我看到自己的信用卡額度，或是看到除了部分儲蓄外無法享受任何減免時，我也會感到無奈。

計算是否眞的有單身稅的論文，實際上已經有人發布過了。二〇一六年稅務學會秋季學術大會上，首爾市廳註冊會計師李允珠（이윤주）和首爾市立

大學稅務系教授李英韓（이영한）發表了一篇名爲〈根據家庭類型分析所得稅負擔差異〉（가구 유형에 따른 소득세 세 부담률 차이 분석）的論文。[77]

根據分析，以中等收入區間（四千萬到六千萬韓圓，約新台幣九十四萬到一百四十一萬元）爲基準，平均有效稅率單人戶是二．八八％，單薪無兒女的家庭是二．五三％，單薪有兩個兒女的家庭是一．二四％。單人戶比單薪有兩個兒女的家庭多繳納兩倍的稅金。若按金額計算，相當於每年多繳了七十九萬韓圓（約新台幣一萬八千元）的稅金。

然而，對於這種差異是否應該被稱作單身稅，我感到有點猶豫。如果組建家庭後撫養的家屬增加，那必要的經費必然會增加，對此進行額外減免是否還算是對單身者的歧視，這部分應該還要再討論。

從OECD的主要已開發國家來看，單人戶要繳納更多稅金是普遍現象。OECD的〈二〇二二年稅收差距報告〉（Taxing Wages 2022）顯示，關於單人戶和單薪兩個兒女的家庭稅收差距，OECD成員國的平均爲十個百分點，而韓國爲四個百分點。美國則是十九點九個百分點、德國是十五點四個百分點、法國是八個百分點、瑞典是五個百分點，與這些國家相比，韓國的差距其實並不大。[78]

問題不是出在稅金金額的差異，而是在於單人戶群體中低收入層較多，因此對他們來說稅金負擔過重。前述稅務學會學術大會上發表的論文，前身是李允珠的學位論文，根據她的這篇論文[79]，當時「單人戶的平均收入爲兩千六百三十八萬韓圓（約新台幣六十二萬元），集中在低收入區間；而單薪家庭的平均收入則爲四千零四十五萬韓圓（約新台幣九十五萬元），收入分布較爲廣泛」。

李允珠表示：「人們對於稅金的不滿，往往始於我繳的錢比別人多的想法上。」雖然對於是否繳得比較多有很多不同的判斷標準，但李允珠在論文中寫道：「對於當下可見的名義所得，每個人都繳納不同的稅金，這種認知肯定會引起反感。」

如果你和隔壁同期進公司的同事名義所得相當，你卻因爲獨自生活而繳納更多稅金，心裡當然會感到不舒服。更何況單人戶幾乎都集中在低收入區間，而且在沒有經濟實力作爲後盾的情況下，他們很難產生結婚生子的念頭。如果社會制度不完善，無法減輕家庭結構的負擔，那就肯定會引發「爲什麼要多繳稅」的抗議了。

李允珠下結論說：「雖然社會在生育獎勵或提供養育優惠方面，達成了充分的共識，但是要以減免稅金還是給予現金補助的方式進行就是選擇問題了。如果我們提供解決低生育率的減免稅金制度，那麼我們就也應該考慮容易淪爲弱勢群體的單人戶，提供他們各種稅制優惠。」

相較於單人戶與多人家庭的稅率差距，我反而認爲問題在於多人家庭的各種扣除額項目只針對法定家庭設計。更大的問題是，那些一起生活且比血緣關係家庭更爲緊密的不婚家庭與生活共同體，他們相互撫養形成經濟共同體，然而他們卻因不是法定家庭關係，而無法得到任何認可。目前所得稅的個人扣除對象也僅限於本人、配偶、直系親屬等，健保的被撫養者資格也僅限於投保者的配偶、直系親屬等法定家人。之前提到的房屋認購制度中，計算撫養家屬人數時，也只針對登記住在同一住宅的直系親屬。

根據家庭組成權研究所代表金順南（김순남）的書《組成家庭的權利》（가족을 구성할 권리）所寫，關於稅金扣除對象，澳洲國稅廳所認定的經濟互助關係範圍很廣，包括實質性的照顧關係網。也就是說，「定義配偶時，

不考慮有沒有制度上的婚姻關係，兒女也廣泛包括親生子女、領養子女、繼子女、實際上的子女關係對象。透過提供居住費用或生活費支出憑證，也能讓實際生活中的多種相互依存關係網納入體制中。」

●對年長不婚女性的偏見

不婚者本人所感受到的生活滿意度與社會對他們的偏見是兩回事，相較於青年和老年，社會對中年不婚者的偏見似乎更爲嚴重。對青年而言，「單身是因爲還年輕」，對老年而言，「單身是因爲喪偶」，但對中年獨自生活的人而言，大家可能會覺得：「他是不是有什麼問題？」

金智賢憤慨地說：「在我們的社會中，上了年紀的不婚女性地位眞的很低。」

「在職場上，也有人把上了年紀的不婚女性視爲可憐、可悲的存在，或覺得她們是討人厭的強勢女性。不僅是已婚男女，年輕的不婚男女也時常對上了年紀的不婚女性抱持這種看法，帶著輕蔑且瞧不起的態度看待她們。在韓國社會裡不婚女性就代表沒有監護人，而其他女性有丈夫，大家會因爲怕她們的丈夫而不敢招惹她們，沒有丈夫的我則是容易攻擊的對象。如果有人惹我生氣，我反而會遭受指責，被說成歇斯底里的老處女。」

南智媛也表示：「工作時身爲不婚女性最不悅的記憶是，顧客在深夜裡把我叫過去酒桌嘲弄我。」

「雖然與我同齡的女性也經常在工作中經歷這種事，但感覺不婚女性比已婚女性更容易遭受這種對待。所以我會刻意戴戒指。」

金佳英說：「離了婚開始獨自生活後，和『男性朋友』見面也不太方便。自從被他們的另一半誤會過以後，如果我朋友是男性，那我就一定會再叫上別的朋友，三個人一起見面。但我已婚時並沒有這樣，這是離婚後才有的習慣。」

有人認爲上了年紀的不婚女性在性方面很放蕩，離婚後我也常被這種觀念折磨。有老公的時候，聚餐時大家會問：「在外面待這麼晚老公不會念你嗎？」在我離婚後這些人卻改口說：「又沒人等你，幹嘛這麼早回家？」令人慚愧的是，我在男性爲主的職場中工作，一直以來都把自己當作在父權制度下被賦予男性地位的女性，成爲不婚者後，我深刻地體認到自己也是個弱者，並開始認眞思考女性所經歷的問題，挺身面對職場內的性暴力行爲。對我而言，開啓不婚生活反而是個對自身存在覺醒的契機。

其實當我思考「我是誰時」，我想到的都是一些瑣碎的事，包括我所做的各種事情、我喜歡的東西、還有我追求的生活。我把獨自生活的問題納入自我認同中思考，這種思考並不是很久以前就開始想的事。就算對某種特質的自我意識感覺相對薄弱，一旦他人與體制把我定義成那項特質，即使不情願，那項特質好像也會成爲建構我認同感的重要部分。首先「我是女性」這點就是如此，其次是「我是獨自生活的人」這點。

無論到哪人們都理所當然地稱中年女性爲「夫人」、「媽媽」，這也是他人定義中的其中一個例子。就好比中年女性幾乎都是某人的配偶和某人的母親一樣，大家會用關係稱謂來稱呼她們，沒有這層關係的話女性好像就不存在，或是沒有這層關係女性好像就不應該存在一樣。之前有人這樣叫我，我會努力更正，表示我不是夫人也不是媽媽，可以叫我「客人」或「顧客」，但現在的我已經感到厭煩，於是就放任不管了。不過朴仁珠表示，她自己還在堅持不懈地糾正他人。

「每當有人這樣叫我，我一定會說：『我不是媽媽』或是『我不是夫人』，然後對方就會說：『那要怎麼稱呼？』有時還會生氣。隨著不婚的人增加，應該有很多人討厭這種稱呼，但這種習慣已經存在很久了。」

Aging Solo 想自然融入社會還需要更多的時間嗎？想到韓國社會的態度與習慣仍對不婚女性抱持敵意或歧視，我再次意識到單身者之所以持續增加，並不是因爲社會變得適合單身者生活，而是儘管社會依舊以家庭爲中心，但單身者還是在持續增加這件事。

2. 建立包容單身者的制度

對消費者變化很敏感的企業，對不婚人口增加這類的變化，也會反應得比政府更快。

LG U+電信公司從二〇二三年一月開始實施「不婚補助金制度」，公司也會發放結婚禮金給不婚的員工，讓不婚者享有相同的優惠。年資五年以上、滿三十八歲的員工，只要在公司的婚喪喜慶公告版上表明自己決定不婚，就享有與新婚員工一樣的待遇，能獲得相當於基本工資的禮金與五天的有薪特休假。樂天百貨公司也從二〇二一年九月開始實施「未婚禮金制度」，滿四十歲的未婚員工能獲得等同已婚員工的禮金和有薪假。如果拿過不婚禮金與休假的人後來又結婚了，兩家公司都不會再次給予福利。化妝品品牌 Lush Korea 早在二〇一七年開始，就給宣布不婚的員工十天旅行休假和公司禮金，在過去的五年間，已有十五名員工使用了這個制度。[80]

企業與民間團體也在積極推動先前介紹過的共同居住型方案。

共同體住宅「Third Place Hongeun 2」是由建築師事務所 A Round 建築所建

造的，這個共同體住宅執行「一月一食」計畫，所有單人戶住戶每月會聚在休息室聚餐一次。如果缺席三次以上，入住保證期限兩年到了就不能續約。居民會參加城市花園管理方法的研討會，還一起制定了一年的菜園耕種計畫。[81]

雖然這種形式的共同體住宅或共同住宅主要以青年單人戶爲主，但中老年人共同住宅也增加了很多型態，從企業型的高級都市到地方自治團體建立的老人共同住宅都有。

社會上還出現各種類型家庭共存的公寓型共同體。社會創新企業 Deoham 在京畿道南楊州和高陽建設的公寓「We Stay」，是韓國國內最早的合作社型公共補助的民間租賃住宅，用比周邊市價便宜二〇%左右的租金出租，至少可以居住八年。在這裡居民們以合作社成員的身分共同經營公寓，一起分享愛好，組成共同體。此外，民間還出現了各種共同體住宅模式，包括世代共居模式、單人戶專用的住宅園區等。

相較於民間與企業的動作，政府的制度變化雖然非常緩慢，但有時候還是能看到一點變化的徵兆。

二〇二二年初與 Aging Solo 們交談時，鄭世妍談到繼承制度的不合理。

「如果我死後有財產要留給一起生活並互相照顧的朋友，按現行制度我無法全部留給朋友，必須跟手足一起分財產。我的手足並沒有照顧到我，而且也跟我的生活沒有關係，我不曉得爲什麼必須把財產分給他們。在國外可以把所有財產留給自己養的貓，可以透過律師把所有財產留給貓咪，並指定照顧貓咪的監護人。自己的財產不就應該依照自己的意願處理嗎？」

現行法律規定的特留分制度，無論遺言怎麼寫，遺屬還是有權繼承一定比例的遺產。父母過世且沒有配偶也沒有兒女的單身者，就算在遺言中表示要把遺產留給共同居住的朋友，如果他的手足主張自己的權利，就要依據特留分規定分三分之一的財產給手足。

政府認爲該條例與單人戶人口增加，手足各自維持獨立生計的現實不符，在二〇二二年四月五日的國務會議上，決議通過民法修訂案，刪除遺產特留分條款的手足部分。該民法修訂案中還包括允許未結婚的單身者領養親養子*的方案。截至撰寫這段文字的二〇二三年一月，該修訂案仍被擱置在國會法制司法委員會中。雖然無法保證該修訂案能被認可，但至少已經提出變革的需求。

和鄭世妍一起接受採訪的朴仁珠指出，另一種在人生最後將不婚單人戶排除在外的制度，是喪葬程序。

「最近有很多朋友的父母過世，經常要去弔唁。這讓我想到，如果不婚的我離開人世，我喪禮的喪主會是誰呢？是弟弟還是侄子？葬禮文化也太過於以家庭為中心，希望這部分也能改成別種型態。最親近的朋友也能當喪主啊。」

正如朴仁珠所言，喪葬相關法律規定了由誰接管死者屍體與舉行葬禮的順序，但範圍集中在配偶、兒女、父母、手足等法定家庭成員，如果沒有文件證明血緣關係與法定關係，那就沒辦法幫亡者舉行葬禮。

為解決這項問題，在致力於支援無親屬喪葬的非營利組織「分享與分享」

＊譯註：韓國法律中所謂的親養子，是養子在法律上跟自己的親生父母沒有任何關係，只跟養父母有關係，並享有親生子女的地位。

不斷努力之下，韓國保健福祉部在二〇二〇年修改了方針。他們改善了制度，讓事實婚姻關係、朋友、地區共同體等曾身爲亡者生活夥伴的人也可以舉行葬禮，二〇二二年還刪除了第三方代替家屬舉行葬禮時，須經由地方自治團體審議的規定。如今具事實婚姻關係的人、侄子、兒媳等親屬，以及長期或持續有同居、贍養、照顧關係的人也可以舉行葬禮[82]。然而改善方針並非修法，只是行政方針改變，仍存在一定的局限性。

●不是家人負責照顧，而是照顧者才是家人

沒有人可以在沒人照顧的狀況下生存下去。長期以來，家人被認定是理所當然的照顧提供者，但在越來越多情況下，由於家庭組成變得更加脆弱或面臨解體，導致不能或不該讓家人專門負責照顧。那些已經彼此照顧且建立起親密關係的人，只因他們沒有血緣或婚姻關係而不被承認，被排除於制度之外，這無異於政府在排斥國民，但現實中卻經常發生這樣的事情。

例如，曾因無薪而存在感微乎其微的家庭照顧假，在新冠疫情期間被凸

顯，在疫情大流行的期間政府補助了補貼金，但能使用家庭照顧假的對象僅限於以血緣爲基礎的法定家庭。其他國家也是如此嗎？†

國會立法調查處的立法調查官許敏淑（허민숙），在〈家庭多樣性的現實與政策課題：非親屬親密關係的家庭認可必要性〉（가족 다양성의 현실과 정책 과제: 비친족 친밀한 관계의 가족 인정 필요성）報告中[83]，介紹了現行美國十個州政府與華盛頓特區的有薪家庭照顧假相關法律，家庭照顧假的對象不僅只有血緣關係的家庭，還包括「有登記的伴侶、同居者、如同家人般親近之人」在內的人。例如，二〇一九年修訂的紐澤西州有薪家庭休假法，將家庭的範疇規定爲「勞動者認定的像家人般親近的關係」。

美國以外的其他國家也在照顧相關問題上把家庭的範疇擴大。在瑞典，若非常親近的人患有嚴重疾病，需要照顧時可以從政府那獲得照顧津貼。這裡所

---

†編按：台灣現行法定的家庭照顧假對於「家庭成員」沒有加以定義，原則上如果需要照顧以下這些家庭成員都可以請家庭照顧假——具備血緣關係的家屬（子女、孫子女、爺爺奶奶、兄弟姐妹）、同住一家的家屬（公公、婆婆、岳父、岳母）、以永久共同生活爲目的同居人（未結婚的異性伴侶、同性伴侶）。

謂「非常親近的人」（Closely-Related Person）顧名思義是指與受照顧之人有非常親密關係的人，意思是不僅限於血緣或姻親關係，還包括朋友或鄰居等關係。

在加拿大，當勞工爲了照顧某人而無法工作時，會獲得五五％的工資補償。這裡的受照顧者不一定是家人或共同生活的人。「家庭照顧得到認可的唯一條件是，勞動者是否將受照顧者視爲家人。」

該報告不僅介紹了家庭照顧假，還介紹了國際上主要國家與照顧相關的制度，根據該報告的介紹，「若患者本人無法對醫療行爲表示意願，代理人制度可以代替患者進行醫療決定，此時代理人就不一定要是『家人』，這個人只要了解病患平時的想法與信念，與病患親近且値得信賴即可」。

例如在澳洲的維多利亞州與英國，成年人能任意指定替自己做醫療決定的人。在美國，成年人都可以指定「健康照顧代理人」（Health Care Agent）作爲醫療相關決策的代理人。紐約州則在法規中舉例說明健康照顧代理人的條件爲，「法定代理人、配偶、同居人、父母、十八歲以上的手足及好友（A Close Friend）」。大部分的州政府表示，健康照顧代理人只要不是未成年人或與健康管理相關機構有利害關係的人即可。

先前提過我填寫事前延命醫療意願書的經驗，當時我得知要是無法向患者本人確認延命醫療意願，只有得到家人關係證明文件上的所有人同意，才能做出延命醫療的決定。雖然韓國國內法規定只有血親才有這種權利，但在美國、英國、日本等國，最能代表患者的代理人，其範圍不僅局限於有血緣關係的法定家屬。[84]

金順南在《組成家庭的權利》中介紹了關於美國《延命醫療決定法》的研究。根據其內容指出，在美國的《延命醫療決定法》中，患者即使不找法定有血緣關係的家人當代理人，也可以指定朋友、近親、尊敬的熟人等當自己的代理人，也可以透過書面申請變更代理人。代理人可以接觸到患者的醫療資訊，可以和主治醫生討論醫療相關事項，並做出檢查、手術、治療等相關決定。紐約州的代理人指定表格中能寫明不想委託代理人做決定的詳細部分、委託對方做決定的期間與條件，以及希望代理人在決定時能遵循的事項。[85]

●將代理我的人制度化

即便不是法定關係的家人，關係親密的人也應該享有參與照顧和決定的權利，不僅如此，就算獨居的人沒有關係親密的同居人，他們也應該有權在生命的最後階段指定一位能代理自己的人。

池恩淑博士強調，即便沒有共同生活也可以一起討論重要的決定，並表示必須找一位能代理自己表達意見的人。

「舉例來說，一位退休後獨自生活、沒有定期與人見面的七十多歲不婚女性，她能否指定一位代理人，在她暈倒或遇難時替自己做重要決定？對於在都市獨自生活的人而言，即便沒有基於同居的前提，只要是自己想委託的人就應該要可行。我認爲制度上最需要的是，容易達成也容易解除協議的代理人關係。就算沒有套上社會上的家人、人際關係上的家人等『家庭』框架，關係也能成立，並讓人足以依靠，這對每個人來說都是至關重要的。」

池博士表示，這種制度本身就是一種訊息。

「不婚單人户不再無法建立任何社會關係，而是只要有意願就能建立關係，並可以做法律上的登記，僅憑展現這個可能性就能帶來很大的力量。這件事不僅適用於不婚者，當已婚者變回一個人的狀態，卻又不想依靠子女的時候，他們也能產生這樣的想法。不管是生活夥伴或代理人，我們急需非家人的相互照顧制度。政府一直在推遲這樣的制度，但社會上無法依賴政府全面照顧的人，正處於社會孤立且越來越困難的境地，這樣的情況要如何應對，真的讓人不解。」

如果你要委託沒有同居、非家人的人代理與自身有關的決定，其實也不是完全沒有這樣的制度。舉例來說，我們有意定監護制度與信託制度，但是仔細研究兩者就會發現，還是有一些問題要解決才能讓人安心。

意定監護制度是爲應對往後因疾病產生認知障礙或身心障礙等情況，能提前指定家人或任何可信任的人來當監護人，並委託與自己身分相關的事情、剩餘財產的處理等。

從制度本身的角度來看，這種制度是適合 Aging Solo 安心使用的制度。在各種成年監護制度中，這是最尊重個人自主決策權的監護制度，相較於其他監護制度，如法定監護制度，原則上應優先適用意定監護制度。

然而出乎意料的是，幾乎沒有人使用這項制度，而且這項制度也鮮爲人知。這項制度的程序繁瑣複雜，若想利用意定監護制度就要指定能信任、想委託的人爲意定監護人，擬定合約後再去公證，並向法院申請監護登記。此後，如果無法自行做出決定，處於需要幫助的狀態時，法院就會任命監督人去監督意定監護人，然後合約才會生效。

由於這項程序複雜，普通人很難產生要利用這項制度的念頭，而且各程序都需要花很長的時間準備，因此很難得到想要的監護。雖說這是項理想的制度，然而因缺乏標準模式，這項制度的使用率也較低。

首先要進行公證，但不知道爲何還必須要登記，公證本身就已經很複雜了。比方說，公證所需的文件中有一個名字很長的證明書叫「監護登記事項不存在證明書」，這份證明書是要證明除現有的登記外，之前沒有登記過其他監護人。這個時代幾乎可以透過網路取得所有申請資料了，但當我在處理父親的成年監護人申請時，爲辦理這個簡單的「監護人登記事項不存在證明書」，我還是必須去一趟家事法院。

相反地，信託是把財產管理委託給金融機關等專門機關收費管理，因此對沒有資產的人來說是無用的制度。而且信託只會處理財產，至於是用哪一種方式接受照顧和代表意願等，這些人身相關的管理屬信託的權限之外。

理想的情況是結合委託管理身分的意定監護與委託管理財產的信託，但這是一項昂貴的模式，除部分資產家以外，對一般人而言是難以適用的。因此，也有人認爲政府機關應該引進公共受託者廳（公共受託公團），讓資產少的人也都能適用這個模式。[86]

其構想是，如果國家能綜合解決並協助高齡者的老年生活，甚至是資產繼承等專業問題，大家對信託的排斥感就會減少，信託設定金額的門檻也會大幅降低，任何人都可以使用各種信託制度。

家庭組成權研究所致力於實現家庭組成的權利，讓我們能與自己選擇的人、以自己想要的方式組成家庭，他們不僅主張要制定生活伴侶法，還敦促制度性的改革，讓「自己指定的人」被認定為家人。就像需要在法律上登記關係的生活伴侶或同性婚姻等關係一樣，也有不少人選擇獨自生活，並且也打算繼續過這樣的生活。

根據金順南的《組成家庭的權利》，所謂「自己指定的人」享有的權力當然包括醫療決定權和延命醫療決定權，還有申請家庭照顧假的權利、強制住院等情況下向法院申請救濟的權利，以及《災難與安全管理基本法》（재난 및 안전 관리 기본법）規定的海外災難時確認安全與否的權利等。享有這些權利的不只有法定家人或同居人，還包括「自己指定的人」。

總統選舉在即的二〇二二年一月，當時共同民主黨發表家庭相關政見時承諾，他們將在協助單人戶的制度中，活化意定監護制度，同時會訂定醫療、喪禮、照顧領域指定連帶關係人的制度。雖然沒有更詳細的說明，但連帶關係人可能類似於家庭組成權研究所所說的「自己指定的人」。單人戶的照顧與代理人問題已經成為重要議題，甚至被納入總統選舉的政見中。雖然選後大家就不再討論，但對要為未來做準備的 Aging Solo 而言，這是無法放棄的要求。

3. 描繪未來的家庭模樣

在韓國會用「食口」一詞稱呼家裡的人，我喜歡「食口」這個詞。一聽到「食口」這個詞，我想到的場景是共同生活的熟人們圍坐在熱氣騰騰的飯桌旁一起吃飯，莫名倍感溫馨與親切。想起小時候，外婆、父母、村裡長輩們好像更常使用「食口」這個詞，似乎不怎麼用「家人」來稱呼。

家庭是人類史上最悠久的社會集團，但每個社會和時代都發生不同的變化。由父母與兒女組成的血緣集團並非跨時空的普遍制度，而是以此爲基礎演變出多種型態與組成。在人類學中，有時會使用更普遍的說法代替家庭（Family）一詞，也就是家內集團（Domestic Group）這個總括性的概念[87]，而與家內集團最相似的詞就是「食口」。「食口」是在同一個空間裡一起生活並互相照顧的人，就算沒有血緣關係或法律上的關係，任何人都可以成爲「食口」。

雖然想透過婚姻組成家庭的人口正在減少，但即使不是一家人，在同一個屋簷下吃同一鍋飯的「食口」也有在增加的趨勢。據統計廳的〈二〇二一年人口住宅總調查〉顯示，二〇二一年，沒有與家人共同生活，而是和朋友與戀人共同生活的非親屬家庭人口首次突破了一百萬人[88]。統計廳將普通家庭中由外人組成的五人以下家庭定義爲非親屬家庭，二〇一六年爲止非親屬家庭只有二十六萬多戶，五年後的二〇二一年增加了近兩倍，達到四十七萬多戶。也就是說，即使沒結婚、沒組成法定家庭，也有很多人在共同維持生計並相互照顧，成爲彼此間關係最親密的人。

但現行制度仍只把焦點放在法定家庭上，因此與現實脫節。即便我們發生急需去醫院處理的事，或想確保居住穩定性，如果共同生活的人不是有血緣關係的家人，我們就會成爲無親無故、無法保障彼此權利的陌生人。所得稅的個人扣除額也只適用在法定的家人身上，住宅的供給也要有婚姻或法定家庭關係爲前提才得以實現。

仔細觀察現行法律對家人的規定，就會發現其定義極爲狹隘。《民法》第七七九條對家庭的定義，家庭的範圍指的是「配偶、直系血親及兄弟姊妹，或（在共同維持生計時）直系血親的配偶、配偶的直系血親及配偶的兄弟姊妹。」《健康家庭基本法》（건강가정기본법）也把家庭定義爲「由婚姻、

血緣、領養所組成的社會基本單位」。

兩部法律都把家庭狹隘地視爲由父母和兒女組成的兩代核心家庭，但現實中這樣的家庭只占全體家庭的四分之一左右。若嚴格按照現行法律標準看待，很多情況都不能算是家人了。舉例來說，在寄養家庭中，就算寄養家庭的父母和孩子互相認定爲家人，根據《民法》規定他們也不算家人。《民法》中關於扶養和繼承等家庭關係的條文已散見於各個條款，因此事實上這些家庭定義條文並非必要存在。相反，這些狹義的家庭定義條款，成爲了制度性對各種非傳統家庭形式的歧視基礎。

家庭組成權研究所調查結果顯示，一千四百多個韓國現行法律中提及「家庭」的條款，有兩百四十個受到《民法》第七七九條影響，這些條款將左右我們在居住、醫療、照顧、年金、繼承、災難發生時，在全面的生活領域上能否得到保護。

那《健康家庭基本法》又如何呢？當我在性別平等和家庭部工作時，部門的基本方針是修改《健康家庭基本法》。事實婚姻、老年同居、夫妻、單親家庭等多種型態的家庭受到歧視，要將這部法律中不合時宜的部分改成符合

現實的規定，我們一直在說服利害關係人。二〇二一年，爲了以制度支撐改變的現實和意識，政府發布《第四次健康家庭基本規畫》（4차 건강가정기본계획），有限地反映了各種傳統家庭意識型態之外的家庭類型。

然而二〇二二年五月政黨輪替後，九月性別平等和家庭部表示，對《健康家庭基本法》所定義的「家庭」規定，立場改爲維持現狀。原因是還需要尋求社會的共識，這是一個使社會退步的理由。二〇二〇年性別平等和家庭部實施的〈家庭多元性國民認知調查〉（가족 다양성 국민 인식조사）結果顯示了社會輿論對該事件抱持的立場。此次調查中，每十位國民就有七位表示：「就算不是血緣或婚姻關係，只要共同維持生計或共同居住，就可以算是家人。」如果這不是社會共識的話，那算什麼？還要跟誰達成怎樣的共識呢？難道要和明顯厭惡性少數者、和反對修改法律的仇恨勢力達成協議嗎？社會曾經艱難地邁向包容的方向，但我們現在不得不苦澀地承認，社會的變革隨時可能走回頭路。

●在制度上承認生活夥伴、生活共同體

我們對家庭的規範是如此的狹隘，卻又存在意外的漏洞。二〇二二年秋天，因為聽說性別平等和家庭部對《健康家庭基本法》修改立場改變的消息，那天我感到很憤慨，當時《韓民族日報》的一篇報導吸引了我的注意。回鄉定居並住在鄉下小城鎮的一名不婚女性，領養了和她共同生活的朋友作為女兒，兩人組成了法定的家人。[89]

她和回鄉認識的朋友共同生活了五年，就像醫院會要求監護人同意一樣，這個社會不斷要求我們要有法定的家人，為了應對這個社會規範下的老年生活，她就領養了朋友。讓朋友變成女兒的程序非常簡單，簡單到讓人感到空虛。她向鄉鎮公所提交了一張由朋友父母同意簽名的收養申請書就完成了。在採訪報導中，她反問道：「成為彼此法定代理人的唯一方法就是收養，實在令人感到難過。收養這麼容易，為什麼制定能擁抱多元家庭的生活伴侶法那麼難呢？」

這件事簡單到，彷彿賞了舊制度痛快的一拳，讓人不禁感嘆：「兩個外人

要成爲家人如此簡單，爲何現實卻如此頑固？」

《生活伴侶法》（생활동반자법）受到部分基督教界人士的「反同性婚姻合法化」主張排擠，法案連提議都未能實現。我在採訪 Aging Solo 時並沒有詢問受訪者的性取向，但表示自己是異性戀者的 Aging Solo 說，如果有《生活伴侶法》的話她們也想使用。與部分基督教界的主張不同，這部法律並不僅針對性少數者。無論是否爲性少數者，是否基於性愛關係，只要是共同生活並互相照顧的關係，都可以成爲生活伴侶。《不孤獨的權利》（외롭지 않을 권리）書中介紹了《生活伴侶法》，作者黃斗英（황두영）寫道，有保守價值觀的人反對「家庭解體」，但《生活伴侶法》其實是「保守的法律」，因爲「這個法律把離開現有僵化家庭制度的人引回制度中」，這個法律也是「鼓勵他們組成家庭的法律」。

在國外，即使不是以性愛關係爲基礎，也有在制度上承認生活、照顧關係的例子。例如，加拿大亞伯達省的《成人相互依賴關係法》（*Adult Interdependent Relationships Act*），這個法律讓未婚的個人簽訂相互依存的夥伴合約，藉此得到法律保護，所謂的相互依存關係是指，「共享生活，情感上彼此奉獻，以經濟與家庭單位方式運作，並在婚姻之外的關係。」

澳洲維多利亞省的《二〇〇八年關係法》（*Relationships Act 2008*）讓有照顧關係的人登記自己的關係，藉此讓財產權、撫養權的保護與權利得以被認可，可登記的照顧關係可以是「沒結婚、非情侶，也不是家人的兩個成人」。

比利時從二〇〇〇年開始在《民法》中規定，包括法定的同居制度在內，居住在共同居住地的人申報同居，可以享受等同婚姻關係的稅制優惠。不論性別或性取向皆可申請，不是情侶或親屬關係也可以申請。[90]

在觀察國外的案例時我突然想到，目前的婚姻是以「性行爲排他性協議」爲基礎的制度，然而對人類的生存而言，照顧是絕對重要的，以照顧作爲組成家庭的條件難道不是更合理的標準嗎？無論是否在生育制度的框架內，無論照顧的方式如何進行，只要是互相照顧的關係就可以組成家庭，從家庭的功能來看，這種概念不是更恰當嗎？

不只有像生活夥伴一樣的兩人關係能得到制度上的幫助，由多人組成的照顧共同體也必須得到制度上的支援。姜美羅提到了之前介紹的驪州市女性老人共同體「鹿頭香」，並強調了協助的必要性。

「因爲是三人互相照顧，看起來比兩人彼此照料還容易得多，如果有誰生病要去醫院或必須有人照顧，這些問題在三人之間都可以解決。事實上這些繳納長期療養保險的人，也不會使用到優惠，如果國家支持這種生活共同體，並在制度上給予認可，這樣對國家不是更有利嗎？即使不是一對一關係，也希望許多人一起生活的共同體能夠得到認可並活躍起來。」

之前我們介紹了不婚女性共同體非飛，當中的摩乙也有類似的想法。

「我們不僅要討論《生活伴侶法》，還應該包括《生活共同體支援法》，更積極地討論新型家庭結構。生活夥伴類似於婚姻關係，立法理當不難，但既然連《生活伴侶法》都難以實現，再延伸出去的生活共同體要在制度上得到認可應該更加困難。然而，從照顧的角度來看，相較於一個人完全對另一個人負責，在生活共同體中好幾個人一起負責一個人的話，照顧起來不是更輕鬆嗎？雖然有人認爲，必須具備類似家庭的凝聚力與義務，才有權成爲彼此的監護人，但實際上卻有很多人是不負責地放任自家人不管，家庭也會因法律上的複雜情況而破裂。相較之下，如果出現以個人爲中心的共同體制度，照顧的關係會更加靈活，個人所背負的責任與罪惡感也會減輕一點吧？」

●不是以家庭，而是以個人為中心

撰寫本書的二〇二二年十一月，我偶然間看到了大數據分析顧問公司 Ars Praxia 的代表金道勳（김도훈）發表了「歐洲與韓國的幸福觀數據分析」影片[91]。這段影片說明了兩份資料比較分析的結果，比較的資料是採訪一百多位北歐人的錄音檔，以及韓國人在 Brunch（社交媒體平台）上的四萬多篇文章。

據金代表的說法，北歐人聊到「我」（I）和「人們」（People）的句子時，表現出較高的正面情感；而韓國人的文字明顯呈現出追求幸福是以「家庭」爲中心的，而不是以個人或他人爲中心。

換句話說，北歐人積極認同自己所選擇的人生，同時也認爲若自己想要幸福，別人也必須要幸福。結果顯示出，北歐人會關注消除不平等的社會問題，展現了思考以社會爲中心的一面。相反地，在韓國人的思維中，他們關注的對象只有「家人」，沒有「我」和「社會」。由於高度依賴家庭，韓國人認爲家庭代表了高昂的教育費用等巨大開支，也因此帶來了痛苦。整體而言，韓國人對於透過家庭追求幸福的渴望十分強烈，同時也因爲要看其他人的臉色而飽受壓力。然而，對於爲自己的幸福創造一個更幸福的社會，卻幾乎沒有思考過。

二〇二二年，韓國社會的樣貌也沒有改變，或者說這個無限競爭的社會裡，越來越多韓國人只專注於他們家庭的成功和安穩，這樣的韓國人實在令人感到淒涼。

家庭的重要性爲什麼在韓國社會裡連降低的跡象都沒有呢？眾所周知的是，當家庭的社會責任與角色變沉重時，結婚率與生育率也會跟著下降。定義狹隘的家庭重要性越強，家庭的角色就越強，組成家庭的意志也會受到打擊，越沒有原生家庭支持的人越是如此。只要家庭仍被視爲社會保障與福利的基本單位，原本富裕的家庭就會越來越富裕，貧困的家庭就會越來越貧窮。隨著家庭階級社會的加劇，韓國社會的兩極化將變得無法挽回。

爲減輕家人負擔，並把這份重擔轉往社會的方向，社會福利學者金鎭錫（김진석）在《成功的國家，不安的市民》（성공한 나라 불안한 시민）書中提出了一種解法，那就是把現在的「國家─家庭─個人」的福利國家概念，去除掉中間的「家庭」，轉變成「國家─個人」的福利國家。

「國家─家庭─個人」模式的前提是，「家庭─個人」間有贍養與照顧的家庭功能，在缺乏家庭功能或沒有家庭功能的情況下，國家才會補充性地支援。相反地，在「國家─個人」模式中，爲保障個人的社會權利，國家會直接介入其中，而不考慮有沒有家庭的存在。

金鎭錫指出：「如果只有在家人存在的情況下，個人才能確保實現自由的機會和方式，那麼這就不能被視爲眞正民主的個人實現。」

如果福利的基本單位是個人而不是家庭，也能讓福利制度的死角地帶最小化，老人、身心障礙人士等需要日常照顧和幫助的人，即使不依賴家人也能得到國家制度性的支援，享有有尊嚴的生活。

而沒結婚的人士要的不滿之一——單身稅，也即將消失。目前的稅額扣除制度雖然是根據家庭內成員與其他成員的關係差別適用，但如果從家庭轉爲以個人爲基本單位的薪資計算，無論個人的社會、經濟狀況如何改變，都可以確保獲得普遍相同的福利，即使單人戶沒有組成家庭，也不會被排除在居住支援與照顧的範圍之外。

當年輕人成年後獨立，爲了避免基於家庭因素而出現差異，可以透過強化中等教育內的職業教育軌道，在大學公營的前提下，調整編制和完全無償經營學校，並提供青年住宿費之類的生活費支援。

這需要很強大的制度變化才能實現。然而，選擇不組成家庭獨自生活的人不斷增加，家庭無法完善照顧到弱勢的例子也不斷增加，在這種情況下，韓國社會也應該討論把福利基本單位由家庭轉換到個人。正如日本社會學家落合惠美子在《21世紀的家庭》（*21*世紀家族へ）中所說的一樣：「如果已經不存在所有人都從屬的社會單位，那麼社會的基本單位就只能是個人了。」現在的韓國社會就是如此，是時候該發揮不一樣的想像了。

如果社會保障的福利以個人爲單位，那麼家庭就能擺脫要完全承擔成員福祉的沉重壓力。父母爲了兒女考上大學而承受經濟重擔的情況將會消除，結婚的門檻會降低，更容易與親密的人組成家庭。

這也許只是一個夢幻的想法。目前朝這個方向發展的具體途徑還沒浮現，不過，如果制度能打造並支持人們的生活日常型態，那爲什麼不能根據生活的變化和需要去改變制度呢？

透過這樣的方式，家庭的負擔減輕並且變得更靈活了。選擇並不是非黑即白，不是說不結婚就一定只能選擇獨自生活。不管是獨自生活、兩個人一起生活，或是多人共同生活的方式，期望能看到大家和自己所選擇的人，以各種方式建立親密關係，並在制度上得到認可，大家相互照顧的權利都得到保障，描繪出未來家庭的模樣。

結語◻獨自一人也共同前行

寫這本書時遇到的 Aging Solo 們生活當然都過得不一樣。有人對目前的生活感到滿意，有人則感到不安。有些人的居住與工作穩定，有些人卻並非如此。生病時有人希望別人能幫她做飯、陪在她身邊，也有人希望別人能讓她自己獨自面對。有人表達了對親密感的渴望，也有人表示自己不太需要親密感。

一次又一次與這些獨特的 Aging Solo 見面，我想起了「獨自一人也共同前行」（Alone Together）這句話。

我遇到的 Aging Solo 都沒有組成自己的家庭，她們在沒有配偶與兒女的情況下獨自老去，然而她們的生活並非一個人。她們在自己所處的狀態下，以各種方式創造了「獨自一人也共同前行」的條件。她們建立了鬆散的聯繫網絡，和朋友一起生活或組成共同體，她們與原生家庭、親密夥伴，甚至有時是和陌生人一起，共同創造自己能好好生活的物理空間和連結網。有人預言說，獨自一個人上了年紀就會悲慘又孤獨，然而在我遇到的 Aging Solo 身上，卻看不到悲慘與孤獨，甚至令我懷疑這個預言是否爲阻止獨居人口增加的社會陰謀。

坦白說，「獨自一人也共同前行」是我長久以來堅持的人生主題。不是完全「獨自」，也不總是「共同」，而是「獨自一人卻也共同前行」，保留身爲單身者的領域，卻又不失去連結的感覺，這就像是在經營生活、建立關係時決定自己態度的方向盤。

雖然並非事先計畫好，但至今我所寫過的書中也都帶有這個主題的痕跡。二〇〇八年獨自前往西班牙聖地牙哥後，我寫的散文名爲《我的聖地牙哥，獨自一人也共同前行之路》（나의산티아고，혼자이면서 함께 걷는 길）。二〇一七年，以兒童人權的觀點講述家庭問題的著作《異常的正常家庭》（이상한 정상가족），內容是在討論尊重兒童與青少年個性的家庭關係，韓文書名的副標是「描繪自律的個人與開放的共同體」。

這本書講述獨自老去的 Aging Solo 人生，將親密性、友情、照顧、家庭、共同體等「關係」問題，視爲獨自生活的主要主題之一，而這本書也是對這些關注事項的延伸。我認爲獨自生活只要不與世界失去聯繫，就能變得更加完整。與 Aging Solo 的獨特性相比，身爲作者的我更關注關係的重要性，這是我和本書的特色，也是我和本書的局限。

對於 Aging Solo 而言，更年期與性愛是重要的話題，但本書並沒有涉及到。中年女性都在經歷更年期，雖然情況因人而異，但基本上更年期是整個日常生活都在動搖的時期，採訪後發現單身者經歷的更年期與已婚女性所經歷的並沒有什麼不同。我們無法將結婚和生育視爲是否經歷更年期的因素，而且不婚與已婚在應對更年期上也沒有不同的方法，因此必須排除這個問題。至於性愛的方面，如果我是更有經驗的採訪者和作者，應該就能做出適當的採訪和處理，可惜這部分我還沒能談到。

雖然打從一開始我就沒有打算爲全體 Aging Solo 代言，並去描繪所有 Aging Solo 的樣貌，但也有人擔心這本書所記載的故事，是否局限於生活環境相對輕鬆的單身者。

雖然我已經在努力擴大我的關係網，嘗試認識一些不是居住在首爾的人，但不可否認的是，採訪對象的範圍仍然很窄。比如說，我遇到的 Aging Solo 中，並沒有生計有困難的基礎生活津貼受惠者。我採訪的人中，有約三分之一的人屬於低收入階層，但她們有朋友、原生家庭、共同體等能接住自己的關係網，因此很少聽到生活困苦的故事。藉此也反過來證明了在人的生活中，「關係」是比「經濟」更重要的。

雖然我遇到的 Aging Solo 樂意與我分享生活故事並答應採訪，但反過來說，那些非自願性孤立的 Aging Solo，她們的生活依然是我無法觸碰到的部分。而這部分也是本書的局限。

其實認眞想想，每個人都會在人生的某個期間處於單身狀態。剛成年時大多數的人都是以單身之姿走向世界，結束一生時也有很多人是獨自一人的。如果不以結婚與家庭爲中心的觀點看待人生，獨自生活的人生也不會這麼特別。

對於獨自一人老去的生活，若我們收起對這件事的成見，再進行觀察的話，本書中 Aging Solo 所講述的人生故事，就只是自我與生命的轉換、建立親密關係、多層次的聯繫網，以及面臨老去與死亡等不同實踐與想像的方式。希望這些故事不僅能觸動現在獨自生活的人、認爲自己隨時都會獨自生活的人，還有那些想以不同角度看待自己所屬的親密關係的人。

參考書目

這本書跟往常一樣，是憑藉先前其他作者出色的書籍才得以完成。對這個主題感興趣的讀者，可以多閱讀本書所引用或參考的書籍，其內容如下。其中也包含了與主題無直接關係，但本書有引用到的書籍。

● 《組成家庭的權利》，金順南著，五月之春。
● 《孤獨世紀：衝擊全球商業模式，危及生活、工作與健康的疏離浪潮》，諾瑞娜．赫茲著，聞若婷譯，先覺出版，2021。
● 《獨居時代：一個人住，因爲我可以》，艾瑞克．克林南柏格著，洪世民譯，漫遊者文化，2013。
● 《我獨自照顧父母》，山村基毅著，新潮社，2014。
● 《明日的終焉：家庭自由主義與社會再生產危機》（내일의 종언［終

焉」?：가족자유주의와 사회재생산 위기），張慶燮（장경섭）著，集文堂。

- 《一個人的臨終：人生到了最後，都是一個人。做好準備，有尊嚴、安詳地走完最後一段路》，上野千鶴子著，賴庭筠譯，時報出版。
- Karen M. Bush, Louise S. Machinist, and Jean McQuillin. *My House Our House: Living Far Better for Far Less in a Cooperative Household*. St. Lynn's Press, 2013。
- Caroline Knapp. *The Merry Recluse: A Life in Essays*. Counterpoint, 2004。
- 《明亮的夜》，崔恩英著，文學村。
- 《第一代不婚者的誕生》，洪在熙著，行星B。
- 《成功的國家，不安的市民》，李泰秀、李昌坤、尹洪植、金鎮錫、南基哲、申珍旭、潘佳云著，Heybooks。
- Rebecca Traister. *All the Single Ladies : Unmarried Women and the Rise of an Independent Nation*. S&S/ Marysue Rucci Books, 2016.
- 《致凌晨三點的身體》，金英玉（김영옥）、May、李智恩、全熙景（전희경）著，春之書。

- 《即使病了也不抱歉》，趙韓眞熙著，東方。
- 《兩個女人住一起：非關愛情的同居時代》，金荷娜、黃善宇著，簡郁璇譯，時報出版，2021。
- Rebecca Solnit. *The Mother of All Questions*. Haymarket Books, 2019。
- Bella DePaulo. *How We Live Now: Redefining Home and Family in the 21st Century*. Atria Books/Beyond Words, 2015.
- 《21世紀的家庭》，落合惠美子著，有斐閣，2019。
- 《酷兒鄰居 Ibanjiha》，Ibanjiha 著，文學村。
- Jane Austen. *Emma*. Penguin Books, 2003.
- 《不孤獨的權利》，黃斗英著，時事IN書。
- 《在熟悉的家中向世界道別》，上野千鶴子著，文藝春秋，2021。
- 《朋友原來是天生的：鄧巴數字與友誼成功的七大支柱》，羅賓．鄧巴著，莊安祺譯，聯經出版公司，2022。
- 《女權主義者生活方式》，金賢美著，Banbi。
- 《現代文化人類學》（현대문화인류학），權淑仁（권숙인）等19人著，

螢雪出版社。

- 《單身年代：一個人的生活可以簡單，卻不會孤單》，伊利亞金·奇斯列夫著，林怡婷、陳依萍、羅椀齡譯，商周出版，2019。
- 《一個人住院：讓人笑到人仰馬翻的不婚女性手術日記》，daduregi 著，Changbi。
- 《放棄希望，然後加油》，金松熙著，子細胞。

註釋

序言

1. 可以在美國行為經濟學家「彼得．麥格羅博士」（Peter McGraw）所主導的「Solo」運動網站首頁上找到更多相關的內容。https://petermcgraw.org/solo/

Chapter 1

2. 〈老處女一詞消失了〉（노처녀가 사라졌다），《京鄉新聞》，Dive．Flat．Digital News Editing Team，2022/7/7。https://www.khan.co.kr/khstorytelling/2022/gone-xxxgirl/
3. 〈二〇二〇年韓國單人戶報告〉，鄭仁（정인）、吳尚燁（오상엽），KB金融經營研究所，2020。
4. 〈透過青年世代中高學歷未婚單人戶女性的居住空間經驗觀察家庭、性意識形態的抵抗、接受與轉變〉（청년세대 고학력 비혼 1인 가구 여성의 거주공

간의 경험을 통해 본 가족，성 이데올로기의 저항과 수용，변형），《文化與社會》（문화와 사회）29 (3), 117-173. 金旼志，2021。

5. 金旼志，2021，前述論文。

6. 〈獨自生活才能幸福的中年男性生活〉（홀로 살아야 행복한，중년 남성의 삶），《社會科學研究》（사회과학연구）24 (3), 267-290. 權赫哲（권혁철）、金炯容（권혁철），2017。

7. 〈從韓日比較的角度探討韓國不婚論調的特性與人生敘事中所呈現的政治性〉（한·일 비교의 관점에서 본 한국 비혼담론의 특성과 생애서사 구축에서 나타나는 정치성），《韓國文化人類學》（한국문화인류학）53 (1)，179-218. 池恩淑，2020。

8. Emma John, 2021/1/17, "Why are increasing numbers of women choosing to be single?", *The Guardian*, https://www.theguardian.com/lifeandstyle/2021/jan/17/why-are-increasing-numbers-of-women-choosing-to-be-single

9. 〈尹錫悅表示「政治濫用女性主義，阻礙男女正常交往」〉（윤석열 '페미니즘 정치적 악용，남녀 건전한 교제도 막는다더라'），《朝鮮日報》（조선일보），金明鎮（김명진），2021/8/2。

10. 〈透過 2022 年統計看單人戶〉（2022 통계로 보는 1인 가구），統計廳，

2022/12/7。

11. OECD family database. https://www.oecd.org/els/family/database.html

12. 〈已開發國家女性經濟活動越多，出生率越高，韓國爲何不是如此？〉（선진국은 '여성 경제활동' 많을수록 출산율 높은데，한국은 왜？），《韓國日報》，張秀賢（장수현），2022/8/27。

13. Matthias Doepke, et al, 2022/6/11, "A new era in the economics of fertility", voxeu.org, https://cepr.org/voxeu/columns/new-era-economics-fertility?utm_source=dlvr.it&utm_medium=twitter&fbclid=IwAR241Y77buVCojzXT8jOCsc3LEqr0GeLTmr5bBEj1sNeojLUtNFxwdrrSsw

14. 〈對韓國女性而言，婚姻是一場「爛交易」。性別平等缺乏，生育率難以反彈（採訪）〉（한국여성에게 결혼은，나쁜 거래，… 성평등 없이 출산율 반등 없다［인터뷰］），《韓國日報》，張秀賢，2022/9/29。

15. 〈「法律無禁止，爲何未婚人士無法進行人工生殖手術？」與婦產科學會對抗的女性〉（'법은 금지 안 하는데… 비혼 인공수정 시술 안 된다니요？' 산부인과학회와 싸우는 여성들），《韓國日報》，全昏葉（전혼잎），2022/11/24。

16. 《韓國家庭主義與公民參與：家庭內社會角色對社會參與的影響》（한국의

가족주의와 시민참여: 가정 내 사회적 역할이 결사체 참여에 미치는 영향），首爾大學社會學系碩士學位論文，李恩惠（이은혜），2016。

17. 李恩惠，2016，前述論文。

18. Tara Parker-Pope, 2011/9/20, "In a married world, singles struggle for attention", *The New York Times* , https://archive.nytimes.com/query.nytimes.com/gst/fullpage-9501E0DE143FF933A1575AC0A9679D8B63.html

19. 《單身年代：一個人的生活可以簡單，卻不會孤單》，伊利亞金．奇斯列夫，商周出版，2019。

20. 這項調查以25至59歲的2,000位單人戶人口為對象，不包括60歲以上的人口。

21. Bella DePaulo, 2018/8/29, "Single people aren't to blame for the loneliness epidemic", *The Atlantic*.

22. Holt-Lunstad J, Smith TB, Layton JB, 2010/7/27, "Social Relationships and Mortality Risk: A Meta-analytic Review", PLoS Med 7(7): e1000316, https://doi.org/10.1371/journal.pmed.1000316

23. 〈英國政府中的「孤獨部門」〉（영국 정부에는 '외로움 부'가 있다），《韓民族日報21》（한겨레*21*），姜相元（강상원），2021/10/29。

24. 〈「孤獨嗎？」英日政府為何介入解決「孤獨」問題（徐英亞的百歲咖啡館）〉

（““외로우세요?.”‘고독’해결에 영국 일본 정부가 나선 이유는［서영아의 100세 카페］），《東亞日報》（동아일보），徐英亞（서영아），2021/10/9。
25. Grace Birnstengel, 2020/1/17,“What has the U.K.‘s Minister of Loneliness done to date?”, Next Avenue , https://www.nextavenue.org/uk-minister-of-loneliness/
26. Esteban Ortiz-Ospina, 2019/12/11,“Is there a loneliness epidemic?”, Our World Data , https://ourworldindata.org/loneliness-epidemic
27. 〈首爾三戶有一戶是單人戶，86%表示「滿意獨居生活」〉（서울 셋 중 한 집은 1인 가구…86%‘혼자 사는 것 만족’），《紐西斯》（뉴시스），何鍾民（하종민），2022/5/10，https://newsis.com/view/?id=NISX202205090001864369&cID=14001&pID=14000
28. 「醫療場域中的監護人概念是否包括多元家庭?.」（의료현장에서의 보호자 개념은 다양한 가족을 포함하고 있는가?.），〈社會健康研究所研究報告〉（사회건강연구소 연구보고서），孔善英（공선영）、朴健（박건）、鄭眞珠（정진주），2019。
29. Rita Rubin, 2011/8/29,“Single and seriously ill: Care circles fill in for family”, Today, https://www.today.com/health/single-seriously-ill-care-circles-fill-family-

1C9412682

30. https://sharethecare.org/the-story/

31. https://www.amazon.com/Sheila-Warnock/e/B07H7RQQZD/ref=aufs dp fta dsk

32. https://lotsahelpinghands.com/

33. https://www.caringbridge.org/

34. https://www.mealtrain.com/

35. 〈建立不婚者的「照顧關係網」〉（비혼 친구들과‘돌봄의 관계망’만들기），《Ilda》，慧英，2022/7/11，https://www.ildaro.com/9390

Chapter 2

36. 親密感（Intimacy）這個用語通常適用於性方面的關係，但這裡的意思不僅局限於性方面的關係，而是指人們之間特別感受到的親密情感。

37. Elaine O.Cheung et al., 2014,“Emotionships: Examining people’s emotion-regulation relationships and their consequences for well-being”, *Social Psychological and Personality Science.*

38. 〈論四十到五十歲未婚女性的婚姻與家庭〉（40，50대 비혼 여성의 결혼 및 가족 담론），《韓國家庭管理學會誌》（한국가정관리학회지），第32卷，

2號，131-141. 成美愛，2014。
39. 金歐志，2021年，前述論文。
40. 伊利亞金・奇斯列夫，前述書籍。
41. Arthur C. Brooks, 2021/4/8, "The best friends can do nothing for you", *The Atlantic*, https://www.theatlantic.com/family/archive/2021/04/deep-friendships-aristotle/618529/
42. 〈單人戶女性是否有自私的選擇？〉（1인가구 여성，이기적 선택은있는가？），女性民友會主辦的討論會資料，女性民友會，2016/10/20。
43. 《朋友原來是天生的：鄧巴數字與友誼成功的七大支柱》羅賓・鄧巴，聯經出版，2022。
44. NWO(Netherlands Organization for Scientific Research), 2009/5/27, "Half Of Your Friends Lost In Seven Years, Social Network Study Finds", *ScienceDaily*, www.sciencedaily.com/releases/2009/05/090527111907.html
45. 羅賓・鄧巴，前述書籍。
46. 羅賓・鄧巴，前述書籍。
47. Catherine Pearson, 2022/5/7, "How Many Friends Do You Really Need?", *The New York Times*.

48. 伊利亞金．奇斯列夫，前述書籍。

49. 〈輕鬆交換「感謝」的不婚群體〉，《Ilda》，春春，2022/8/29。https://ildaro.com/9427

50. 春春，前述文章。

51. 〈非傳統家庭的非凡未來規劃〉（비·정상가족들의 비범한 미래기획），姊姊網絡與家庭組成權研究小組，2012。（引用自：〈家庭未來的替代親密感〉［가족 이후의 대안적 친밀성］，《韓國社會學》［한국사회학］51 (1), 155-198. 金惠京［김혜경］，2017。）

52. 《酷兒鄰居 Ibanjiha》，Ibanjiha，文學村，2021。

Chapter 3

53. Joe Pinsker, 2021/10/21, "The Hidden Costs of Living Alone", *The Atlantic*.

54. 「首爾單人戶女性生活研究：四、五十歲年齡層的生活現狀與政策支援方案」（서울 1인가구 여성의 삶 연구 : 4050 생활실태 및 정책지원방안），〈首爾市婦女家庭基金會研究事業報告書〉（서울시 여성가족재단 연구사업보고서），1-204. 朴建、金延在（김연재），2016。

55. 〈『經濟上的普通人』，那麼多的中產階級去哪了？〉（'경제적 보통 사람',

그 많던 중산층은 어디로 갔을까?〉，《韓民族日報》，李元宰（이원재），2022/6/4。

56.〈應對超高齡社會的高齡女性生活品質現狀與政策課題〉（초고령사회 대비 고령여성의 삶의 질 현황과 정책과제），經濟人文社會研究會協作叢書，韓國女性政策研究院崔仁熙等，2022/11/1。

57.〈居住都市之不婚女性的居住實踐與替代性居住生涯的構建〉（도시 거주 비혼 여성의 주거 실천과 대안적 거주 생애사의 구축），《民主主義與人權》（민주주의와 인권），22 (1), 283-326. 池恩淑，2022。

58.〈名爲「幸福住宅」，實則是「狹小住宅」〉（이름은 '행복주택'，현실은 '좁은 주택'），《經濟學人》，申秀敏（신수민），2021/6/11。https://economist.co.kr/2021/06/11/realEstate/realEstateNormal/20210611184101658.html

59.〈比日本還小的「最小住宅面積」標準應該要修改〉（일본보다 작은 '최저 주거면적' 기준 바꿔야），《東亞日報》，黃載成（황재성），2021/7/7。

60.〈中老年女性單身戶共同體的必要性與意義〉（중년，노년 여성 1인가구 주거공동체의 필요성과 의미），全州市性別平等生活研究補助工作成果報告，金蘭伊（김난이）李孝姸（이효연）、李美正（이미정），2021。

61. 《透過不婚觀察現代日本的家庭關係與性別秩序》（비혼을 통해 본 현대 일본의 가족관계와 젠더 질서），首爾大學人類學研究所論文，池恩淑，2016/2。

62. 〈水、醃蘿蔔、孝道是三大自助？「女兒協助養老而非媳婦」之現象〉（물·단무지·효도 3대 셀프？'며느리 아닌딸이 부모 수발'급증），《中央日報》（중앙일보），申成植（신성식），2021/8/11。

63. 〈不婚女兒的父母照顧經驗：從不正義的獨自照顧邁向照顧的民主主義〉（비혼 딸의 부모돌봄 경험이 말하는 것들：부정의한 독박돌봄으로부터 돌봄 민주주의를 향하여），《老人福祉研究》（노인복지연구）第75卷第4號，117-141. 石在恩（석재은），2020/12。

64. 「癡呆症」在中文字面上有愚昧的意思，這個說法帶給人很深的負面印象，因此現已改稱認知障礙症（失智症）。但是這個引用來源的作者使用了癡呆症的字眼，此處不加以改稱直接引用。會選擇直接引用是因爲我希望能提醒大家我們對癡呆所抱持的恐懼，也希望能尊重作者闡述新論述的選擇。

65. 《致淩晨三點的身體》，金英玉、May、李智恩、全熙景，春之書。

66. 〈對於允許協助尊嚴死的討論發表立場〉（조력존엄사 허용 논의에 대한 입장문），韓國安寧緩和醫療學會，學會首頁公告事項發文，2022/6/21。

https://www.hospicecare.or.kr/

67. 〈孤獨死危險群增加，「另安排打電話問安的員工也不夠」〉（고독사 위험군 느는데…'안부전화만 돌리는 직원 따로 둬도 역부족'），《韓國日報》，羅光賢（나광현）等三人，2022/1/26。

68. 〈住隔壁十多年也不認識，因孤立而非貧窮所導致的死亡——孤獨死〉（10년 넘게 옆집 살아도 누군지…가난보다 고립이 부른 죽음，고독사），《韓國日報》，金昭熙（김소희）、朴俊奎（박준규），2022/1/26。

69. 〈「我家就是巷子裡的社會福利設施」，朋友聚會房阻止孤獨死〉（'우리집이 곧 골목복지관'친구모임방이 고독사 막는다），《韓國日報》，徐賢正（서현정）、崔珠賢（최주현），2022/1/26。

70. 〈家是能保障好死的場所嗎？〉（집은 좋은 죽음을 보장하는 장소인가），《時事IN》，宋炳基，2021/9/3。

71. 研究結果報告可在「非飛社會合作社」的部落格上下載。https://blog.naver.com/bbcohousing/222891393386

72. 鹿頭香的故事綜合了二〇二一年十一月訪問時的對話、在KBS《紀錄ON》中播出兩次的內容（已得到當事者的許可），以及二〇二二年七月十五日在鹿頭香舉行的第九十三屆建村全國網絡對話大會內容。《紀錄ON》節目和鹿頸香所發表內容可以在以下的 YouTube 連結中看到。https://www.youtube.com/watch?v=WkPFJUL1Wto

https://www.youtube.com/watch?v=QUa7WUfMwjE

https://www.youtube.com/watch?v=G4wWOOn7hsc

Chapter 4

73. Bella DePaulo, 2022/8/17, "Structural Singlism: The Unfair Treatment Experienced by Every Person Who Is Single", *Medium*, https://medium.com/fourth-wave/structural-singlism-the-unfair-treatment-experienced-by-every-person-who-is-single-f0024d59f90
74. 〈關於支援單人戶的憲法考察〉（1인 가구 지원에 관한 헌법적 고찰），《歐洲憲法研究》（유럽헌법연구）第21號。張民善（장민선），2016/8，
75. Soo Youn, 2022/4/21, "These single women say they face a workplace penalty, too", *The Washington Post*.
76. 《女性的工作：重新整理》（여성의 일, 새로고침），金熹暻，Nilda×Rowlingdice，2017。
77. 〈單身者比雙子女家庭多繳「單身稅」79萬韓元〉（독신이 두 자녀 가구보

다 더 내는 '싱글세' 79만원〉，《韓聯社》（연합뉴스），閔京樂（민경락），2016/11/23。https://www.yna.co.kr/view/AKR20161122154800002?input=1195m
78. OECD, 2022, "Taxing Wages 2022: Impact of COVID-19on the Tax Wedge in OECD Countries" ,*OECD Publishing*. Paris. https://doi.org/10.1787/f7f1e68a-en.
79. 《根據家庭類型分析所得稅負擔差異—以勞動所得爲中心》（가구유형에 따른 세부담 차이분석 - 근로소득세를 중심으로）。首爾市立大學稅務專門研究所稅務學碩士學位論文，李允珠，2016/8。
80. 〈寵物養育費、不婚禮金：公司福利改變了〉（반려동물 양육비，비혼축의금…기업복지도 변한다），《朝鮮日報》，卞熙媛（변희원），2022/11/25。
81. 〈一起生活的社區型住居：Third Place〉（함께 살아가는 커뮤니티형 주거，써드플레이스），《月刊設計》（월간 디자인），徐敏京（서민경），2021/3。
82. 〈朴眞玉專欄：事實婚姻關係的配偶不能舉行葬禮嗎？〉（[박진옥 칼럼] 사실혼 관계 배우자는 장례를 치를 수 없나요?），朴眞玉，2022/6/22，分享與分享的首頁，http://goodnanum.or.kr/?p=9143

83. 〈家庭多樣性的現實與政策課題：非親屬親密關係的家庭認可必要性〉，《NARS懸案分析》（*NARS* 현안분석），許敏淑，國會立法調查處，2022/5/19。

84. 〈誰才是那個可憐青年的家人？〉（누가 진정 그 가여운 청년의 가족일까），《韓國日報》，許大錫（허대석），2022/5/16。

85. 〈克服延命醫療決定法的局限，尋求引進代理人制度的方案〉（연명의료결정법의 한계를 극복하기 위한 대리인 지정제도 도입방안 모색），《韓國醫療倫理學會雜誌》（한국의료윤리학회지）全卷第55號，101頁，金寶貝（김보배）、金明熙（김명희），2018（金順南，2022，《組成家庭的權利》，五月之春，第68頁再次引用）。

86. 〈應對高齡社會的信託制度發展方案〉（고령사회 대응을 위한 신탁제도 발전방안），低生育高齡社會委員會，李啓正（이계정）等（首爾大學產學合作團），2021/12。

87. 〈家人與親屬〉（가족과 친족），《現代文化人類學》，咸漢熙（함한희），螢雪出版社，92-116頁，2018。

88. 〈「家族的重生」：非親屬家庭成員突破百萬人，創歷史新高〉（'가족의 재탄생'…친족 아닌 가구원 100만명 돌파，역대 최대），《韓

聯社》，郭敏書（곽 민 서），2022/8/1，https://www.yna.co.kr/view/AKR20220731038000002

89. 〈領養好朋友，成爲法定家人〉（친한 친구를 입양해 법적 가족이 됐다），《韓民族日報》，徐惠美（서혜미），2022/10/12。

90. 〈2021 家庭多元論壇：討論協助多元生活、照顧關係的新法與制度的必要性〉（[2021 가족다양성 포럼] 다양한 생활·돌봄 관계를 지원하기 위한 새로운 법과 제도의 필요성을 논의하다），低生育高齡社會委員會，2021/9/17，低生育高齡社會委員會網首頁，https://www.betterfuture.go.kr/front/policySpace/activityDetail.do?articleId=212&listLen=40&searchKeyword=&position=M

91. 2022/10/20，金道動代表在媒體《紐西斯》創立21周年的紀念論壇上所做的發表，請參考以下的 YouTube 網址。https://www.youtube.com/watch?v=3jbP8bhE-y8

國家圖書館出版品預行編目(CIP)資料

SOLO女子圖鑑：獨活不獨行，自在變老的全方位指南 / 金熹暻著；
陳思瑋譯. -- 初版. -- 臺北市：今周刊出版社股份有限公司, 2024.09
面；14.8X21公分. --(社會心理；42)
ISBN 978-626-7266-89-2(平裝)

1.CST: 獨身 2.CST: 生活指導

544.386 113010885

社會心理 042

SOLO 女子圖鑑

獨活不獨行，自在變老的全方位指南

作　　者　金熹暻（김희경）
譯　　者　陳思瑋
總 編 輯　李珮綺
責任編輯　吳昕儒
封面設計　Dinner Illustration
內文排版　陳姿伃
校　　對　許訓彰、李志威、李珮綺

企畫副理　朱安棋
行銷企畫　江品潔
印　　務　詹夏深

發 行 人　梁永煌
出 版 者　今周刊出版社股份有限公司
地　　址　台北市中山區南京東路一段 96 號 8 樓
電　　話　886-2-2581-6196
傳　　真　886-2-2531-6438
讀者專線　886-2-2581-6196 轉 1
劃撥帳號　19865054
戶　　名　今周刊出版社股份有限公司
網　　址　http://www.businesstoday.com.tw

總 經 銷　大和書報股份有限公司
製版印刷　緯峰印刷股份有限公司
初版一刷　2024 年 9 月
定　　價　420 元